CAMINHO DE INICIAÇÃO À VIDA CRISTÃ

Segunda Etapa
CADERNO DO CATEQUIZANDO

Diocese de Caxias do Sul

CAMINHO DE INICIAÇÃO À VIDA CRISTÃ

Segunda Etapa
CADERNO DO CATEQUIZANDO

Petrópolis

© 2015, Editora Vozes Ltda.
Rua Frei Luís, 100
25689-900 Petrópolis, RJ
www.vozes.com.br
Brasil

1ª edição, 2015.

7ª reimpressão, 2022.

Todos os direitos reservados. Nenhuma parte desta obra poderá ser reproduzida ou transmitida por qualquer forma e/ou quaisquer meios (eletrônico ou mecânico, incluindo fotocópia e gravação) ou arquivada em qualquer sistema ou banco de dados sem permissão escrita da editora.

CONSELHO EDITORIAL

Diretor
Gilberto Gonçalves Garcia

Editores
Aline dos Santos Carneiro
Edrian Josué Pasini
Marilac Loraine Oleniki
Welder Lancieri Marchini

Conselheiros
Francisco Morás
Ludovico Garmus
Teobaldo Heidemann
Volney J. Berkenbrock

Secretário executivo
Leonardo A.R.T. dos Santos

Revisão: Jardim Objeto
Projeto gráfico e diagramação: Ana Maria Oleniki
Capa: Ana Maria Oleniki
Ilustrações: Adriano Pinheiro

ISBN 978-85-326-5055-9

Este livro foi composto e impresso pela Editora Vozes Ltda.

Sumário

Apresentação 7

Meta a ser alcançada 11

Passos do Caminho 12

Leitura Orante da Palavra...13

1º Encontro: Somos um grupo que se organiza e se fortalece no caminho ...16

2º Encontro: Nosso grupo continua a história do Povo de Deus 20

3º Encontro: O chamado e o enviado para a libertação do seu povo 24

4º Encontro: Moisés: no caminho para a liberdade 27

5º Encontro: Os profetas são mensageiros de Deus pela verdade 30

6º Encontro: Celebrando a festa de Cristo, Rei do universo e da vida 34

7º Encontro: A alegria da espera 38

8º Encontro: Maria de Nazaré: mãe sensível e solidária...........................42

9º Encontro: Jesus é o "Deus conosco": Ele nasce em Belém, "casa do pão"...46

10º Encontro: A alegria do reencontro: a volta 50

11º Encontro: Quaresma: início de um novo tempo na Igreja 53

12º Encontro: Campanha da Fraternidade 56

13º Encontro: Quinta-feira Santa: Jesus prepara a ceia 59

14º Encontro: Sexta-feira Santa: Jesus entrega a sua vida para nos salvar....63

15º Encontro: Vigília Pascal: Páscoa antiga e Páscoa cristã......................66

16º Encontro: Jesus ressuscitado se revela na comunidade cristã 69

17º Encontro: A comunidade testemunha o Ressuscitado.........................72

18º Encontro: Os Sacramentos: sinais da vida de Deus em nós 75

19º Encontro: Sacramento da Reconciliação com o amor de Deus

e dos irmãos 79

20º Encontro: A Igreja se alimenta e vive da Eucaristia: "Jesus

é o Pão da Vida"..83

21º Encontro: Celebração eucarística: a Ceia do Senhor......................87

22º Encontro: Eucaristia: memória da morte e ressurreição de Jesus 92

23º Encontro: Quem vive unido a Jesus produz frutos 96

24º Encontro: O Espírito Santo, protagonista da missão, manifesta
a Igreja e nos faz missionários 99

25º Encontro: Jesus ressuscitado é o Bom Pastor.................................103

26º Encontro: Deus conduz à verdadeira felicidade.................................107

27º Encontro: Jesus anuncia o seu Reino 111

28º Encontro: Jesus, caminho que leva ao Pai 114

29º Encontro: A experiência das primeiras comunidades cristãs 117

30º Encontro: A beleza e o compromisso de ser cristão: os mártires 121

31º Encontro: Dízimo: louvor e gratidão a Deus 125

Anexo: Celebrar a vida e a esperança com nossos irmãos falecidos 128

Orações do cristão 131

Apresentação

A Diocese de Caxias do Sul apresenta e oferece este caderno a você, catequizando. Ele foi pensado para que você possa acompanhar melhor os encontros de catequese. Ele não é um manual de catequese, mas um caderno que possibilita mais facilmente acompanhar o processo catequético e manter viva a memória dos encontros. Nele você poderá escrever o que for necessário: as orações, as anotações pessoais de cada encontro, a partir da orientação do catequista.

Ele acompanha o mesmo esquema dos encontros do *Livro do Catequista*. No final do caderno se encontram as orações que, como cristãos, somos convidados a rezar: os mandamentos, sacramentos e pecados capitais. Será, também, por meio deste caderno que você poderá conversar com seus familiares e juntos vivenciar os compromissos assumidos no encontro de catequese. Enfim, é um caderno de apoio para seus encontros de catequese e serve como orientação para a vida de fé.

A catequese que propomos é *Caminho de Iniciação à Vida Cristã*, baseada na Palavra de Deus. Esta conduz você, catequizando, a um encontro com Jesus Cristo vivo, na sua vida e na comunidade, para ser discípulo missionário na Igreja e na sociedade.

Desejamos que todos os catequizandos façam bom proveito deste material.

Equipe de Animação Bíblico-Catequética
Diocese de Caxias do Sul

Dados Pessoais

Nome:

Endereço

Rua: Nº:

Telefone residencial ou celular:

E-mail:

Nome dos pais ou responsáveis:

Comunidade a que pertence:

Paróquia:

Nome do catequista:

Anotações

Meta a ser alcançada

A segunda etapa do Caminho de Iniciação à Vida Cristã tem a preocupação de apresentar Jesus Cristo como nosso grande amigo. A temática dos encontros e os textos bíblicos enfocam os gestos de Jesus em favor das pessoas, doentes, pobres, famintos e na construção do Reino de Deus. Jesus é o servidor da humanidade. Assim, a crescente adesão a Jesus Cristo leva o catequizando a ter atitudes que ajudem a superar o individualismo, o egoísmo e o consumismo. A aprendizagem de atitudes como a doação, a partilha e o serviço conduz à compreensão e vivência da mesa eucarística, à qual os catequizandos são admitidos pela primeira vez, iluminados pela Palavra de Deus.

Anotações

Passos do Caminho

a. O catequizando é inscrito na primeira etapa da catequese para a Iniciação Cristã na idade de nove anos, seguindo sucessivamente os quatro anos sem necessidade de novas inscrições.

b. A catequese acompanhará o ano litúrgico, desvinculado do ano civil. Iniciará no mês de outubro.

c. Férias: a partir da metade de dezembro até o fim de fevereiro.

d. O reinício dos encontros, no ano seguinte, ocorre no fim de fevereiro ou no início de março, na primeira semana da quaresma, acompanhando o caminho do ano litúrgico, da quaresma e da Páscoa, dando especial atenção ao tríduo pascal. Segue-se com o caminho do ano litúrgico até a metade de setembro.

e. Na primeira semana de outubro do ano seguinte, continua a catequese com a terceira etapa.

f. Os encontros catequéticos estão elaborados para facilitar a sintonia, o acompanhamento e a vivência do ano litúrgico. Seguem o método "Jesus, Verdade, Caminho e Vida", e desenvolverão atividades e dinâmicas que envolvam os catequizandos, os pais e a comunidade.

g. Os encontros de catequese não terminam com a celebração do Sacramento da Eucaristia e da Crisma, mas continuam após a celebração do Sacramento até concluir o ano catequético.

h. Os pais ou responsáveis devem acompanhar seus filhos no Caminho da Iniciação à Vida Cristã, mostrar interesse, participar juntos nas celebrações da comunidade e ajudá-los na vivência da fé.

i. O espaço *Anotações Pessoais* está reservado para o registro do compromisso ou tarefas, comunicações e lembretes.

Leitura Orante da Palavra

Na proposta de catequese para o Caminho de Iniciação à Vida Cristã, optamos pelo método da Leitura Orante. Este método ajuda a assimilar o que a mesma Bíblia diz em Dt 30,14: "A Palavra está muito perto de ti: na tua boca e no teu coração, para que a ponhas em prática".

Como se faz a LEITURA ORANTE DA PALAVRA?

Antes de tudo, a atitude é colocar-se à luz do Espírito de Deus e pedir sua ajuda. São quatro os passos da Leitura Orante da Bíblia: Leitura, Meditação, Oração, Contemplação.

1º Passo

Leitura atenta do texto, feita várias vezes

De acordo com Dt 30,14 "A Palavra está muito perto de ti: na tua boca e no teu coração, para que a possa colocar em prática". Aqui descobrimos o que o texto diz em si mesmo.

O que diz o texto?

- ★ Considerar o sentido de cada frase.
- ★ Destacar os personagens, as imagens, os verbos, as ações.
- ★ Repetir alguma frase ou palavra que mais chamou a atenção.

2º Passo

Meditação

É uma forma simples de meditação. É o momento de saborear o texto com cores e cheiros de hoje, da nossa realidade.

O que o texto me diz?

★ Ruminar, trazer o texto para a própria vida, a realidade pessoal e social.

★ O que Deus está me falando?

★ Que conversão me pede?

★ Atualizar a Palavra para a realidade do lugar, do grupo, do momento.

3º Passo

Oração

O terceiro passo é a oração pessoal que desabrocha em oração comunitária, expressão espontânea de nossas convicções e sentimentos mais profundos.

O que o texto me faz dizer a Deus?

★ Formular a oração, suplicar, louvar a Deus, dialogar com Deus.

★ Rezar com um salmo que expresse o sentimento que está em cada um e no grupo.

4º Passo

Contemplação

Olhar a vida com os olhos de Deus. É o transbordamento do coração em ação transformadora: "Para que ponhas em prática"(Dt 30,14). Contemplar não é algo intelectual, que se passa na cabeça. É um agir novo que envolve todo nosso ser.

- A partir deste texto, como devo olhar a vida, as pessoas e a realidade?
- O que devo fazer de concreto?
- O que ficou em meu coração e me desperta para um novo modo de ser e de agir?
- Em quê esta Palavra me ajuda a ser mais discípulo ou discípula de Jesus?

Data / /

Somos um grupo que se organiza e se fortalece no caminho

Somos um grupo que se conhece. Temos uma caminhada feita e estamos iniciando mais uma etapa da Iniciação Cristã para aprofundar e firmar nossa convivência fraterna, continuar a conhecer quem é Jesus e como devemos viver no caminho do discipulado. Somos um grupo que se fortalece para fazer a experiência de Jesus Cristo, que se doa e nos ensina a partilhar e a servir. A Eucaristia, que celebraremos em comunidade, faz faz memória deste caminho que estamos trilhando com Jesus.

1 Momento de acolhida e oração

- Somos convidados a acolher nossos colegas, cumprimentando-os com alegria.
- Cantar o sinal da cruz e rezar a oração que Jesus ensinou, o Pai-Nosso, pedindo ao Senhor que fortaleça o grupo nesta nova etapa e como amigos.

- Iniciando a conversa:
  - O que esperamos e como desejamos viver esta segunda etapa de Iniciação Cristã, que tem como um dos pontos centrais a Primeira Comunhão Eucarística?

2 Jesus Verdade! Ajuda-me a conhecer a Tua Palavra

- Leitura do texto bíblico: 1 Cor 12,4-11.
- Para refletir e partilhar:
  - Quais palavras ou expressões do texto que você achou importante?
  - O que não entendeu?

3 Jesus Caminho! Abre meu coração para acolher a Tua vontade

- Na Palavra, vimos que São Paulo nos ensina a contribuir, a partilhar nossos dons. Seguindo a orientação de seu catequista, escreva uma qualidade ou dom que reconhece de cada um de seus colegas.

4 Jesus Vida! Fortalece a minha vontade para viver a Tua Palavra

- O que você quer dizer a Deus neste dia, neste encontro? Escreva sua oração.

- Após, cada um dirá sua oração em voz alta e no final, de pé, em círculo e com a Bíblia na mão, rezam juntos:

Senhor Jesus, queremos viver unidos.
Senhor Jesus, queremos ser alegres e servir.
Senhor Jesus, ajuda-nos a acolher a todos.
Senhor Jesus, ensina-nos a ir ao encontro dos irmãos.
Senhor Jesus, ensina-nos a perdoar.

5 Compromisso

- Que compromissos podemos assumir como grupo, para que em nossos encontros cada um coloque seus dons para o bem de todos?

- O que podemos fazer para sermos fiéis a Jesus e viver como povo amado e escolhido de Deus?

Anotações Pessoais

2º Encontro

Nosso grupo continua a história do Povo de Deus

O nosso grupo não é isolado. Somos continuadores da história do Povo de Deus. Somos Igreja. Vivemos como grupo e como comunidade. Como povo escolhido somos convidados a ser um sinal diferente no mundo expressando nossa fé em Deus por atos e palavras. Jesus continua presente e atuante na vida de cada um de nós, pelo dom da fé. Só a fé em Jesus é capaz de libertar o povo, fazendo-o caminhar.

1 Momento de acolhida e oração

- Fazer o sinal da cruz cantando.
- Contar aos colegas algum fato ou acontecimento importante, relacionado a fé, que viveu na semana (pessoalmente, na família, na comunidade ou em outras situações).
- Rezar juntos a oração do Pai-Nosso depois de ouvir os fatos ou acontecimentos relatados.

2 Jesus Verdade! Ajuda-me a conhecer a Tua Palavra

- Leitura do texto bíblico: At 3,1-10.
- Cada um lê mais uma vez, individualmente.

- Para refletir e partilhar:
  - Recontar o texto com as próprias palavras.
  - Destacar as palavras e frases mais importantes do texto.
- Conversar:
  - Quem são os personagens e o que fazem?

3 | Jesus Caminho! Abre meu coração para acolher a Tua vontade

- Conversar dois a dois:
  - O que entendemos pelas palavras "olhar", "falar", "tocar" e "levantar"?
  - Conhecemos pessoas que estão doentes, coxas, abandonadas, tristes? O que podemos fazer por elas?
  - A partir da Palavra de Deus que hoje lemos, o que significa viver como grupo, como Povo de Deus que segue Jesus?
- Anotar o resultado da conversa e partilhar com o grupo.

4 | Jesus Vida! Fortalece a minha vontade para viver a Tua Palavra

- Diante da Palavra de Deus somos comprometidos a viver como Povo de Deus e comunidade. Lendo e meditando a Palavra, nos organizamos como grupo e nos colocamos a serviço uns dos outros.

◉ Seguindo a orientação do seu catequista, rezar juntos:

Senhor Jesus, queremos olhar as pessoas com carinho.
Senhor Jesus, queremos falar palavras delicadas e cheias de esperança.
Senhor Jesus, queremos tocar as pessoas para que percebam que a vida é um dom de Deus.
Senhor Jesus, queremos levantar as pessoas caídas da comunidade.
Senhor Jesus, queremos aprender a ser solidários e a partilhar os nossos dons.
Senhor Jesus, queremos viver como grupo e ser Igreja na unidade.

5 Compromisso

◉ Que compromisso podemos assumir como grupo com as pessoas tristes, abandonadas e doentes de nossa comunidade?

◉ Como podemos ajudar a comunidade?

◉ Como nosso grupo pode dar continuidade à caminhada do Povo de Deus, fortalecendo o dom da fé?

Lembrete

Participar da organização da celebração da entrega da cruz com seu catequista e colegas.

Anotações Pessoais

3º Encontro

O chamado e o enviado para a libertação do seu povo

Somos chamados por Deus. A cada um Ele entrega uma missão, e ninguém substitui o outro neste projeto divino. Deus nos chama e nos envia como pessoas que pertencem ao seu povo. Em nome da Igreja, somos enviados para cumprir nossa missão. Deus sempre quis precisar de pessoas para realizar o seu plano de amor para com a humanidade. Por isso, escolheu Moisés para realizar a missão de liderar, animar a libertação de um povo que vivia escravo e dominado pelo Faraó no Egito.

1 Momento de acolhida e oração

- Seguindo a orientação do catequista, iniciar o encontrou cumprimentando uns aos outros e cantando.
- Conversar sobre o compromisso assumido por cada um no encontro anterior. Após cada partilha, rezar juntos o Credo.

2 Jesus Verdade! Ajuda-me a conhecer a Tua Palavra

- Leitura do texto bíblico: Ex 3,2-15 (uma ou mais vezes).
- Para refletir e partilhar:
  - Com o grupo, recontar a história para gravar bem.
  - Quais são as pessoas de que o texto fala e o que cada uma faz?

- O que Deus vê, ouve, conhece? Que ação realiza? (v. 7-8)
- O que Deus promete a Moisés?

3 Jesus Caminho! Abre meu coração para acolher a Tua vontade

- Sob a orientação do catequista, conversar:
    - O que essa história de Moisés nos ensina?
    - Você conhece alguma história parecida com essa? Alguma pessoa que lutou para libertar os outros do sofrimento e da dor?
    - Ainda hoje existe escravidão, pessoas que precisam de um libertador?
- Cada um de nós é chamado, como Moisés, a dizer sim a Deus diante das necessidades dos outros. Como respondemos a este chamado e a esta missão? Escreva.

4 Jesus Vida! Fortalece a minha vontade para viver a Tua Palavra

- Que oração vamos dirigir a Deus? Escreva sua oração e depois reze-a com os colegas.

5 Compromisso

◗ Para conhecer melhor a história de Moisés, vamos ler em casa, com a família, o texto bíblico: Ex 2, 1-10. (O nome Moisés significa: salvo das águas.)

◗ Perceber em casa, na escola, no jogo e com vizinhos se acontecem situações de escravidão, de dor, de sofrimento. Para o próximo encontro, iluminados pela Palavra que ouvimos, ver o que pode fazer para ajudar e libertar as pessoas destas situações.

Anotações Pessoais

4º Encontro

Moisés: no caminho para a liberdade

Moisés, como vimos no encontro anterior, foi chamado e enviado por Deus para libertar o povo que vivia como escravo no Egito. Deus nos dá uma missão: sermos animadores das pessoas. Precisamos ajudar os outros a andar no caminho que leva à verdadeira felicidade. Nossa ação deve ajudar as comunidades e a sociedade humana a percorrer caminhos que promovam a vida.

1 Momento de acolhida e oração

- Para iniciar o encontro, rezemos todos juntos:

Deus vos salve Deus, Deus vos salve Deus,
Deus salve a vida onde mora Deus.
Deus vos salve Deus, Deus vos salve Deus,
Deus salve as pessoas onde mora Deus, vos salve Deus.

- Rezar juntos o Pai-Nosso.
- Conversar sobre os resultados do compromisso do encontro anterior.

2 Jesus Verdade! Ajuda-me a conhecer a Tua Palavra

- Leitura do texto bíblico: Ex 6,28-30 e 7,1- 6.

❥ Para refletir e partilhar:

- Que imagens, pessoas e ações aparecem nesse texto?
- A quem o povo é convidado a prestar culto?

3 Jesus Caminho! Abre meu coração para acolher a Tua vontade

❥ O que essa Palavra de Deus nos fala? O que é ser "escravo" hoje?

_____

_____

❥ Quem são e quem podem ser os "Moisés" que ajudam a animar a libertação do povo em nossas famílias, comunidades, em nossa sociedade, junto ao povo que sofre?

_____

_____

_____

_____

_____

_____

4 Jesus Vida! Fortalece a minha vontade para viver a Tua Palavra

❥ O que essa Palavra e esses fatos nos fazem dizer a Deus?

❥ Escrever sua oração pessoal e depois partilhar com os colegas.

- Rezar em dois coros o cântico de Míriam e Moisés pela libertação – Ex 15,1-18.

5 Compromisso

- Escolher juntos um compromisso à luz do encontro de hoje.

Anotações Pessoais

Data / /

5º Encontro

Os profetas são mensageiros de Deus pela verdade

Na Bíblia encontramos os livros proféticos. Os profetas são pessoas que falam em nome de Deus. Dizem o que está certo e o que está errado conforme o desejo de Deus. Os profetas não tinham medo de dizer a verdade. Ao longo de toda a história da salvação percebemos que Deus confia a algumas pessoas a missão de anunciar a salvação. Este anúncio indica o caminho que leva para a alegria de uma vida de harmonia com Deus e com o povo.

1 Momento de acolhida e oração

- Iniciar com o sinal da cruz.
- Cada catequizando partilha com os colegas como conseguiu realizar o compromisso assumido.

2 Jesus Verdade! Ajuda-me a conhecer a Tua Palavra

- Leitura do texto bíblico: Is 11,1-9.
- Para refletir e partilhar:
  - Que imagens aparecem no texto?
  - Destacar frases e expressões que chamaram a atenção.

3 Jesus Caminho! Abre meu coração para acolher a Tua vontade

- Pense e responda:

  - O que essa Palavra diz para mim? Para nossa comunidade?

  - Conhecemos pessoas no meio de nós ou longe que vivem como profetas? Quem são? O que fazem?

  - Procurar na Bíblia quais são os livros proféticos e escrever a lista encontrada.

- Seguindo as orientações de seu catequista, escreva nos pés de papel que dele receber palavras que expressam as qualidades e a missão dos profetas.

- Que atitudes positivas este encontro me pede?

4 Jesus Vida! Fortalece a minha vontade para viver a Tua Palavra

> Faça sua oração a Deus, iluminado pela Palavra que ouviu e refletiu.

> Sobre a orientação do catequista, cantar ou rezar juntos a canção *Se calarem a voz dos profetas*, prestando muita atenção à letra.

5 Compromisso

> Pensar juntos uma atitude que os identifique como profetas no grupo de catequese, na família e na escola.

- Vimos que os profetas defendem os pobres e estão ao lado deles. O que nós podemos fazer para estar mais perto deles e valorizá-los?

Lembrete

Trazer para o próximo encontro: figuras de revistas e jornais mostrando pessoas pobres, famintas, doentes e presas.

Anotações Pessoais

Data / /

6º Encontro

Celebrando a festa de Cristo, Rei do universo e da vida

Jesus coloca o contato com o Pai acima de tudo. Nada é feito por Jesus sem que antes Ele entre em profunda oração. Jesus nos ensina que estar com Deus e tê-Lo presente na vida de cada dia é fundamental. Celebrar a presença de Deus na vida diária é fortificar nossa caminhada na prática do bem.

1 Momento de acolhida e oração

- Sob a orientação do catequista:
  - Iniciar com o sinal da cruz.
  - Recordar os fatos e acontecimentos vividos e que foram importantes ao longo do ano.
- Conversar sobre:
  - Quais foram as coisas boas e menos boas que aconteceram em nossa vida, em nossa família, na comunidade e no mundo?
- Observar as figuras que seu catequista trouxe para o encontro, comentando as seguintes questões:
  - Conhecemos realidades assim próximas de nós?
  - O que elas nos falam?

2 Jesus Verdade! Ajuda-me a conhecer a Tua Palavra

- Leitura do texto bíblico: Mt 25,31-46.
- Para refletir e partilhar:
  - Ler novamente o texto, dois a dois.
  - Quais os grupos de pessoas dos quais Jesus fala?
  - O que diz aos que estão à sua direita?
  - O que diz aos que estão à sua esquerda?

3 Jesus Caminho! Abre meu coração para acolher a Tua vontade

- Fazer dois grupos. Um grupo procura descrever os valores do Reino de Jesus. Outro grupo descreve os valores do Reino buscados pelas pessoas humanas. Cada grupo prepara e apresenta uma encenação sobre o tipo de Reino, a partir dos valores relatados.
- Escreva no quadro os valores que você e os seus colegas descreveram.

Valores do Reino de Jesus	Valores do Reino humano

4 Jesus Vida! Fortalece a minha vontade para viver a Tua Palavra

- Que oração nasce do meu coração para o coração de Deus a partir dessa Palavra?

- Fazer juntos a oração, respondendo após cada invocação: *"Venha o teu Reino, Senhor"*.

Para todos os que têm fome e sede...
Para os pobres e doentes...
Para os sem casa e sem roupa...
Para os nossos irmãos e irmãs presos...
Para os sem terra e sem trabalho...
Para os migrantes...
Para os jovens...
Na Igreja e no mundo...
Para as crianças e pessoas idosas...

- Dizer juntos: *"Vinde benditos do meu Pai para o Reino prometido"*.

5 Compromisso

- O Evangelho nos apontou vários grupos de necessitados. Cada um, conforme suas possibilidades, escolher um grupo para visitar, ajudar e ter um gesto de solidariedade.

- A festa de Cristo Rei nos convida a servir:
  - Cada um convide seus pais a conhecer os serviços que existem na comunidade, especialmente os que se orientam para a caridade e a ajuda concreta das pessoas. Para isso, procurar saber como funciona e analisar as possibilidades de a família se engajar em algum deles para melhor viver o Evangelho.

Anotações Pessoais

Data / /

A alegria da espera

Advento – início do ano litúrgico – ano da Igreja

Vamos preparar o Natal. O Tempo do Advento é o tempo da espera. É o Senhor que vem chegando. Este tempo litúrgico, ao mesmo tempo que nos enche de alegria, é um tempo de vigilância que exige vida nova. Somos convidados, nesta alegre expectativa, a acolher o menino que vem, que está para nascer.

1 Momento de acolhida e oração

- Fazer o sinal da cruz e cantar seguindo a orientação do catequista.
- Partilhar com o grupo o compromisso assumido no encontro anterior.
- Iniciando a conversa:
  - Ler o texto, responder as perguntas e partilhar.

No encontro passado, conversamos sobre o fim do ano litúrgico, o ano da Igreja. Este encontro nos introduz em um novo tempo que se aproxima: o Tempo do Advento. É um tempo especial, pois nos prepara para uma das maiores festas da vida cristã: a festa do Natal. Nós, cristãos, celebramos duas grandes festas: a Páscoa e o Natal. A Páscoa é a festa de todas as festas. Depois vem o Natal. O símbolo que acompanha a preparação do Natal é a coroa do advento, feita de ramos verdes, uma fita vermelha e quatro velas, que deverão ser acesas uma a cada semana, lembrando as quatro semanas de preparação ao Natal.

- O que já sabemos sobre o advento?
- O que fazemos neste tempo em preparação ao Natal?
- Como a televisão, o rádio, a propaganda das lojas preparam o Natal?

❯ Sob a orientação do catequista, montar a coroa do advento e prestar atenção ao significado da forma circular, dos ramos verdes, das quatro velas e da fita vermelha.

2 Jesus Verdade! Ajuda-me a conhecer a Tua Palavra

❯ Leitura do texto bíblico: Mc 1,1-8.

❯ Para refletir e partilhar:

- Cada um, em silêncio, lê novamente o texto.
- O que João Batista fazia e dizia?
- O que João Batista anuncia?

3 Jesus Caminho! Abre meu coração para acolher a Tua vontade

❯ Responder e partilhar:

- O que esta Palavra do Evangelho diz para nós? Qual mudança nos pede?

- João Batista prepara o povo para acolher o Messias. E nós, como nos preparamos para acolher Jesus? O que devemos fazer? O que há de errado no mundo de hoje que devemos melhorar?

4 Jesus Vida! Fortalece a minha vontade para viver a Tua Palavra

- Ao redor da coroa do advento, enquanto um colega acende a vela, dizer juntos: "*Bendito sejas, Deus da vida, pela luz do Cristo, estrela da manhã, a quem esperamos com toda ternura do coração*".

- Diante do que a Palavra de Deus nos pede, fazer preces espontâneas. Após cada prece, todos respondem: "*Queremos preparar tua vinda, Senhor*!"

5 Compromisso

- Uma das formas de preparar bem a vinda do Senhor Jesus é cuidar da criação de Deus, da natureza e do meio ambiente. Por isso, nesta semana vamos assumir juntos o cuidado em casa, na escola, na rua, da separação do lixo reciclável e, também, buscar conhecer melhor como isso deve ser feito.

- Convidar os pais e familiares para participar dos encontros de famílias em preparação ao Natal.

- Pensar juntos: que presépio queremos preparar para Jesus?

- Para você saber:

  - Coroa do advento: o que é?

Feita de ramos verdes e com quatro velas que podem ser brancas ou coloridas. A forma circular lembra que fazemos parte do um universo que é circular e a vida da humanidade e da natureza tem ciclos, cria harmonia, unidade e sintonia. As velas vão sendo acesas gradativamente, uma em cada semana do advento. Assim, ao chegar na quarta semana, temos a totalidade da Luz que ilumina todo o universo. Jesus que vem é a grande Luz que brilha nas trevas. Jesus é a Luz das Nações. As velas podem ser brancas ou coloridas, uma de cada cor, expressando a vida, a festa, a alegria de que Jesus é nossa Luz.

Anotações Pessoais

8º Encontro

Maria de Nazaré: mãe sensível e solidária

Nossa Senhora, a mãe de Jesus, é presença viva na história da Igreja. Os cristãos a veneram com muito respeito e nela encontram permanente proteção e um exemplo a seguir. Maria de Nazaré nos ensina a ouvir e seguir seu Filho Jesus.

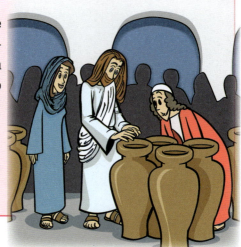

1 Momento de acolhida e oração

- Fazer o sinal da cruz e cantar a música que o catequista propor.
- Iniciando a conversa:
  - Ler o texto em silêncio.

> Estamos vivendo o tempo de preparação ao Natal. Já está próxima a chegada do Senhor Jesus, que vem como "Luz das Nações". Nossos encontros estão ajudando a preparar essa chegada, aplainando as estradas, aterrando os vales, transformando água em vinho novo de alegria.

- Partilhar com seus colegas o compromisso assumido no encontro passado. O que fizemos para preparar a vinda do Senhor?

2 Jesus Verdade! Ajuda-me a conhecer a Tua Palavra

- Leitura do texto bíblico: Jo 2,1-12.
- Para refletir e partilhar:
  - O que diz o texto? Identificar os personagens e as ações que cada um realiza.
  - Como foi a presença de Jesus e Maria na festa de casamento?
  - Lembrar a frase e os gestos que mais chamaram a atenção.

3 Jesus Caminho! Abre meu coração para acolher a Tua vontade

- O que Maria levou de novo à festa de casamento?

- Qual o vinho novo que falta em nossas famílias e comunidades?

- Em duplas, fazer uma lista de situações que tiram a alegria de nossas famílias e comunidades. Partilhar com o grupo.

4 Jesus Vida! Fortalece a minha vontade para viver a Tua Palavra

- Ao redor da coroa do advento acender a segunda vela dizendo:

"Bendito sejas, Deus da vida, pela luz do Cristo, Estrela da Manhã, a quem esperamos com toda ternura do coração".

- O que a Palavra de Deus, nas Bodas de Caná, nos faz dizer a Deus? Escreva sua oração e depois reze-a para o grupo.

- A cada prece ou oração todos dizem: *"Maria, ensina-nos a fazer tudo o que Jesus disse".*

5 Compromisso

- No dia a dia, assumir o jeito de ser de Maria. Viver as atitudes de solidariedade, de serviço, de mulher profética e evangelizadora.
- Preparando-nos para o Natal, vamos perceber as necessidades da comunidade e apresentá-las aos líderes (pároco, vereador, prefeito, presidente de associação de moradores, entre outros).

Anotações Pessoais

9º Encontro

Jesus é o "Deus conosco": Ele nasce em Belém, "casa do pão"

Jesus, Filho de Deus, tornou-se um de nós. Como nos ensina São Paulo, Jesus se fez, em tudo, igual a nós, menos no pecado. Esta realidade nos faz sentir Deus muito perto de nós. O Deus dos cristãos escolheu como morada o coração humano.

1 Momento de acolhida e oração

- Iniciar com o sinal da cruz e rezar juntos uma Ave-Maria.
- Ler o texto e ouvir com atenção os cometários do catequista.

Jesus é o "Deus conosco". Ele nasce em Belém, "casa do pão". Muitas pessoas não sabem, mas Belém é a pequena cidade de Judá, a 9 Km de Jerusalém, onde Jesus nasceu. Nosso salvador, Jesus, nasceu em Belém ou Bethlehem, que em hebraico significa Casa do Pão. Este menino que nasce em Belém é o "Pão da vida", "o Pão Vivo descido do Céu".

Jesus nasce em lugar pobre. Os pastores da região foram os primeiros a receberem a notícia. Eram pessoas simples e desprezadas da sociedade que cuidavam dos rebanhos. Jesus precisou dos simples para anunciá-Lo. Ele continua amando as pessoas de coração simples. A cada Natal Ele renova o nosso coração e quer que sejamos os anunciadores de seu projeto.

- Partilhar com os colegas o compromisso assumido no encontro anterior e como foi vivido.

2 Jesus Verdade! Ajuda-me a conhecer a Tua Palavra

- Leitura do texto bíblico: Lc 2,1-20.
- Para refletir e partilhar:
    - Recontar o texto lido junto com os seus colegas.
    - Identificar os personagens, fatos e ações que aparecem no texto. Depois, escreva sobre cada um deles.

Personagens	Fatos	Ações

3 Jesus Caminho! Abre meu coração para acolher a Tua vontade

❯ O que essa Palavra de Deus diz para nós?

_____

_____

_____

❯ Como os anjos, faça uma lista de boas notícias que deseja anunciar neste Natal.

_____

_____

_____

_____

_____

_____

4 Jesus Vida! Fortalece a minha vontade para viver a Tua Palavra

❯ Qual a oração que brota do meu coração ao coração do Filho de Deus encarnado?

5 Compromisso

- Vamos, nesta semana, conhecer famílias necessitadas e visitá-las, procurando ajudá-las em alguma de suas necessidades. Como os anjos, levamos uma boa notícia.

- Procurar viver um Natal menos comercial, mais fraterno e irmão.

- Convidar os pais para o encontro festivo e confraternização de Natal, lembrando o dia e a hora. Cada família deverá trazer um prato para a partilha e confraternização.

Anotações Pessoais

Data / /

10º Encontro
A alegria do reencontro: a volta

Estamos de volta. Passamos alguns dias de férias. Cada um, certamente, tem muitas novidades para contar aos outros. Todo reencontro nos alegra. Temos, porém, um motivo muito especial para estarmos de volta: juntos, queremos conhecer mais Jesus.

1 Momento de acolhida e oração

- Vamos nos acolher cumprimentando e dizendo uns aos outros: *"Bem-vindo(a)! Seja feliz em nossa companhia"*.
- Após os cumprimentos, tocar as mãos na água que seu catequista preparou e fazer o sinal da cruz.
- Rezar juntos o Pai-Nosso.

2 Jesus Verdade! Ajuda-me a conhecer a Tua Palavra

- Leitura do texto bíblico: Lc 10,1-12;17-20.
- Repetir a leitura do texto conforme indicação de seu catequista.
- Destacar os personagens e suas ações.

- Para refletir e partilhar:
  - Quem envia e quem é enviado?
  - Como Jesus organiza o grupo?
  - Em vista de quê?

3 Jesus Caminho! Abre meu coração para acolher a Tua vontade

- O que essa Palavra diz para nós que estamos iniciando uma nova etapa do nosso Caminho de Iniciação Cristã?

  _____
  _____
  _____

- O que precisamos fazer para que haja paz?

  _____
  _____
  _____

4 Jesus Vida! Fortalece a minha vontade para viver a Tua Palavra

- Sob a orientação do catequista, participar do momento de oração.
- Rezar juntos:

> Nós Vos damos graças, Senhor Deus, de todo o coração. Louvamo--Vos por vosso filho Jesus, fonte de misericórdia. Vos louvamos pelo Espírito Santo que nos chama a viver na vossa amizade. Reforçai entre nós os laços da união e dai-nos a capacidade de viver em comunhão. Ajudai-nos a construir juntos este ano de formação cristã, vivendo na unidade e na diversidade de cada um. Amém.

5 Compromisso

- Assim como os discípulos, somos enviados a anunciar o Reino de Deus. Onde e a quem vamos anunciar que o Reino de Deus está próximo?
- Que compromissos e ações concretas assumimos a partir do encontro de hoje sobre a paz?

Anotações Pessoais

11º Encontro

Quaresma: início de um novo tempo na Igreja

Jesus sempre toma atitudes corajosas em favor do projeto de Deus. Expulsa os vendilhões do templo, pois o lugar é de oração, encontro com Deus e com os irmãos. Pelo batismo somos templo de Deus. A quaresma é tempo de olhar para nosso templo, libertar-nos da ganância e partilhar de nossos dons.

1 Momento de acolhida e oração

- Observar e conversar com os colegas sobre os símbolos do encontro e seus significados.
- Ler em silêncio.

> Estamos iniciando um novo tempo na Igreja. É o tempo da quaresma. Somos convidados a olhar mais profundamente a nossa vida e como acolhemos o projeto de Deus. É um tempo de vigilância, de oração, de jejum e de esmola. A quaresma nos convida a ser solidários com os que mais sofrem. O Evangelho que vamos ouvir é um convite para uma atitude corajosa de expulsarmos todos os males e viver melhor como cristão.

- Fazer o sinal da cruz.
- Partilhar com seus colegas o compromisso assumido no encontro passado, como conseguiram realizá-lo e o que sentiram.

2 Jesus Verdade! Ajuda-me a conhecer a Tua Palavra

- Leitura do texto bíblico: Jo 2,13-25.
- Para refletir e partilhar:
  - Quais são os personagens do texto? Onde estão e o que fazem?
  - Que situação Jesus denuncia? Qual é a religião que Jesus anuncia?

3 Jesus Caminho! Abre meu coração para acolher a Tua vontade

- Para conversar e confrontar a Palavra de Deus com nossa vida.
  - Se Jesus viesse hoje, que situações Ele denunciaria?
  - Que apelos Jesus faz para você?
  - Você sente indignação diante das injustiças do mundo? Como nós, cristão, reagimos? Anote as conclusões da conversa.

4 Jesus Vida! Fortalece a minha vontade para viver a Tua Palavra

- Nós concordamos em deixar a realidade como está ou vamos mudá-la?

- Qual é a contribuição que você pode oferecer ou fazer para mudá-la?

5 Compromisso

- Deixar de tomar um refrigerante ou de comer um doce e colocar o dinheiro no envelope da Campanha da Fraternidade. Ainda pode servir para dar um presente ou uma lembrança para um colega ou oferecer para uma coleta da comunidade.

Anotações Pessoais

Data / /

12º Encontro

Campanha da Fraternidade

A cada ano, a Igreja no Brasil convoca os cristãos para refletir um assunto da nossa sociedade que faz as pessoas sofrerem muito. A Campanha da Fraternidade (CF), iluminada pela Palavra de Deus, convida para atitudes novas em vista das novas relações entre as pessoas e a sociedade.

1 Momento de acolhida e oração

- Observar o cartaz da Campanha da Fraternidade e partilhar com o catequista e seus colegas a importância das imagens.
- Desenhar aquilo que você percebe como significativo da Campanha da Fraternidade.

◉ Sob a orientação de seu catequista, fazer o sinal da cruz e cantar o hino da Campanha da Fraternidade.

2 Jesus Verdade! Ajuda-me a conhecer a Tua Palavra

◉ Leitura do texto bíblico: Mc 9,2-10.
◉ Reconstruir o texto, junto com o seu catequista e colegas.

3 Jesus Caminho! Abre meu coração para acolher a Tua vontade

◉ O que eu conheço a respeito da situação que a Campanha da Fraternidade apresenta?

_____
_____
_____

◉ Que situação de morte a Campanha da Fraternidade quer denunciar?

_____
_____
_____

◉ Como eu me sinto diante da situação apresentada?

_____
_____
_____

4 Jesus Vida! Fortalece a minha vontade para viver a Tua Palavra

◉ Escrever em seu caderno o tema e o lema da Campanha da Fraternidade deste ano.

5 Compromisso

- Continuar o compromisso do encontro passado, isto é, renunciar alguma coisa para doar o dinheiro em favor da Campanha da Fraternidade.

Lembrete

Conversar com os pais para recordar como foi o dia do seu batizado e trazer a certidão de batismo ou uma foto para o próximo encontro.

Anotações Pessoais

Data / /

13º Encontro

Quinta-feira Santa: Jesus prepara a ceia

A celebração da Quinta-feira Santa faz a memória de três realidades vividas por Jesus e propostas por Ele como caminho de vida para os cristãos. Estas três realidades são: instituição da Eucaristia – Jesus se faz alimento e força de nossa fé e nossa adesão à sua proposta do Reino; instituição do sacerdócio – Jesus continua oferecendo ao mundo, através da Igreja, os caminhos da salvação; o mandamento do amor – Jesus apresenta a única fórmula para que no mundo os homens vivam em paz: a caridade fraterna.

Shutterstock

1 Momento de acolhida e oração

- Neste encontro vamos reviver a celebração da ceia de Jesus com seus apóstolos, na qual ensinou o amor-serviço como compromisso com o irmão.
- Iniciar com o sinal da cruz cantado.

2 Jesus Verdade! Ajuda-me a conhecer a Tua Palavra

- Leitura do texto bíblico: Lc 22,1-30.

- Para refletir e partilhar:

  - Reler o texto, sublinhando em sua Bíblia as palavras ditas por Jesus e partilhar em voz alta para o seu catequista e colegas.

  - Descrever como era o lugar em que Jesus preparou a ceia.

3 Jesus Caminho! Abre meu coração para acolher a Tua vontade

- Ler o texto e responder a pergunta:

> A celebração da Quinta-feira Santa é chamada também "Páscoa da Ceia". Jesus celebra a última ceia com seus amigos, coloca-se como servidor da comunidade e nos deixa a herança do amor maior. É o dia da celebração da entrega: Judas entrega Jesus aos chefes dos sacerdotes por 30 moedas de prata. Jesus se entrega a si mesmo. Ele nos dá seu próprio corpo e sangue como alimento e sinal de sua presença no meio de nós.

- O que podemos aprender com Jesus?

- Nosso grupo está se preparando para participar plenamente da Eucaristia. Como estamos realizando esse caminho? Registre os comentários do grupo.

4 Jesus Vida! Fortalece a minha vontade para viver a Tua Palavra

- Rezar um Pai-Nosso e depois, de mãos estendidas em direção ao pão que será partilhado, repetir a oração da bênção:

Senhor Jesus Cristo, que, tendo compaixão do povo, abençoastes no deserto os cinco pães, nós Vos pedimos, abençoai este pão, para que, por ele alimentados, sejamos fortes na luta contra o mal e na prática da partilha. Isto pedimos a vós que sois o Pão Vivo que dá vida e a salvação ao mundo, em união com o Pai e o Espírito Santo. Amém.

- Rezar juntos o Salmo 116 da Bíblia.

5 Compromisso

- Fazer a experiência de partilhar alguma coisa de que gosta com uma pessoa, de preferência com alguém não muito conhecido e mais necessitado.
- Missão: ir se reconciliar com quem brigou, para viver a unidade da Eucaristia.

Anotações Pessoais

Data / /

14º Encontro

Sexta-feira Santa: Jesus entrega a sua vida para nos salvar

Jesus amou tanto a humanidade que entregou sua vida para nos salvar. Nesta entrega total, Jesus realiza a vontade do Pai.

1 Momento de acolhida e oração

- Com a orientação do catequista, cada um tocará com a mão a cruz que está na sala de encontro e, em seguida, fará o sinal da cruz.
- Iniciando a conversa:
  - Partilhar como cada um viveu o compromisso do encontro passado.

No tempo de Jesus, morrer crucificado era a maior humilhação que alguém poderia sofrer. Jesus, porém, dá um novo sentido à cruz: a torna, com sua morte, sinal de salvação e libertação.

2 Jesus Verdade! Ajuda-me a conhecer a Tua Palavra

- Leitura do texto bíblico: Lc 23,26-49.
- Para refletir e partilhar:
  - Reler o texto e fazer um momento de silêncio.
  - Falar sobre qual foi a parte que mais chamou a sua atenção.

- Destacar os nomes dos personagens, dos grupos e as ações realizadas.

3 Jesus Caminho! Abre meu coração para acolher a Tua vontade

❯ O que essa Palavra de Deus quer nos ensinar?

_____

_____

_____

❯ Quando e quem continua a crucificar Jesus, hoje?

_____

_____

_____

❯ Ainda hoje acontecem mortes e sofrimentos injustos?

_____

_____

_____

4 Jesus Vida! Fortalece a minha vontade para viver a Tua Palavra

❯ Diante da cruz de Cristo, fazer preces espontâneas e, a cada pedido, dizer: "Senhor! Ensinai-nos a doar a vida".

❯ Rezar juntos o Salmo 31: *Eu me entrego, Senhor, em tuas mãos..."*

5 Compromisso

❯ Cada um confeccione uma cruz de madeira, escreva no verso seu nome e a data.

❯ Com os colegas, escolher juntos o que podem fazer para aliviar o peso da cruz de irmãos nossos que sofrem a fome, falta de saúde, miséria e segurança...

Lembrete

Trazer a lembrança do batismo para o próximo encontro.

Anotações Pessoais

15º Encontro

Vigília Pascal: Páscoa antiga e Páscoa cristã

A Vigília Pascal é a espera ansiosa do encontro com o Cristo ressuscitado. Mesmo sem termos visto, acreditamos que Jesus venceu a morte. Celebrar a Páscoa é celebrar a maior festa cristã. Nela encontramos significado para a nossa fé, as razões da esperança e nosso compromisso cristão com o amor. Esta é a festa da felicidade plena, proposta por Jesus. Esta é a festa que mostra a fragilidade do nosso tempo presente e a esperança de realização do coração humano em seu encontro com Deus.

1 Momento de acolhida e oração

- Iniciar com o sinal da cruz e depois repetir em forma de mantra: *Em Cristo morremos e em Cristo ressuscitamos para uma vida nova.*
- Ler juntos o texto:

> Hoje vamos refletir sobre a festa mais importante para os cristãos. Em Cristo ressuscitamos para uma vida nova. O batismo nos faz filhos de Deus. Em cada Páscoa encontramos o significado de pertencer à família de Deus, que nos incorporou pelo batismo.

- Após a leitura, cada um anuncia a data de seu batismo para o grupo.

2 Jesus Verdade! Ajuda-me a conhecer a Tua Palavra

- Aclamar a Palavra cantando.
- Leitura do texto bíblico: Rm 6,3-11.
- Para refletir e partilhar:
  - De que fala o texto?
  - Quais são os verbos que aparecem no texto?

3 Jesus Caminho! Abre meu coração para acolher a Tua vontade

- Que gestos ou atitudes nós temos que são sinais de morte?

_____
_____
_____

- Que gestos ou atitudes nós temos que são sinais de vida, isto é, de ressurreição?

_____
_____
_____

4 Jesus Vida! Fortalece a minha vontade para viver a Tua Palavra

- Qual é a oração que a luz do ressuscitado me faz orar? Escrever.

- Em círculo, ao redor dos símbolos dispostos na sala de encontro, cada catequizando, com a lembrança do batismo, diz em voz alta o seu nome, o nome dos pais e dos padrinhos e conclui, afirmando: *"Senhor eu renovo o meu batismo. Quero continuar vivendo como cristão. Amém"*.

5 Compromisso

- Fazer uma ação que seja sinal da ressurreição.
- Participar da celebração da Vigília Pascal na comunidade, na qual serão renovadas as promessas batismais. Depois, escrever um breve relato de como foi que isto aconteceu.

Anotações Pessoais

16º Encontro

Data / /

Jesus ressuscitado se revela na comunidade cristã

Sempre que procuramos criar fraternidade nos ambientes onde vivemos estamos colocando Jesus no meio das pessoas. Em nossos gestos de fraternidade, encontramos Jesus, que nos ilumina e nos dá forças. As atitudes que geram fraternidade permanecem para sempre. É na comunidade que podemos reconhecer e nos encontrar com Jesus ressuscitado.

1 Momento de acolhida e oração

- Partilhar com os colegas as anotações da Vigília Pascal e renovação das promessas batismais.
- Fazer o sinal da cruz
- Ler juntos o texto:

> Estamos vivendo o tempo de Páscoa. Jesus ressuscitou. Ele vive, venceu a morte e trouxe vida nova. Nem sempre é fácil acreditar na ressurreição de Jesus. Para crer, duas coisas são necessárias: ter fé e viver em comunidade.

2 Jesus Verdade! Ajuda-me a conhecer a Tua Palavra

- Canto de aclamação: *Aleluia! Aleluia! Aleluia! Aleluia!*

- Leitura do texto bíblico: Jo 20,19-29.
- Ler o texto mais uma vez, individualmente.
- Para refletir e partilhar:
  - Que personagens aparecem?
  - Como eles estão? O que fazem?
  - O que chamou mais a sua atenção?

3 | Jesus Caminho! Abre meu coração para acolher a Tua vontade

- O que a Palavra de Deus diz para mim? Para nós? Quais os apelos que ela nos faz?

- Como você valoriza o encontro dominical em sua comunidade?

- Em dupla, seguindo a orientação do catequista, fazer um cartaz com figuras que revelam o Cristo ressuscitado.

4 | Jesus Vida! Fortalece a minha vontade para viver a Tua Palavra

- O que a Palavra de Deus nos faz rezar?

- Cada dupla apresenta seu cartaz fazendo uma prece.
- Após a prece, erguem o círio e todos cantam: *"o ressuscitado vive entre nós! Amém, aleluia!"*

- Rezar o Pai-Nosso de mãos dadas e no final desejarem-se a paz de Cristo ressuscitado.

5 Compromisso

- Oferecer uma flor, natural, para ser destinada a alguma pessoa que precisa sentir a presença e a ação de Deus como sinal da ressurreição: um pobre, um doente, um idoso abandonado, alguém sem esperança...

Anotações Pessoais

17º Encontro

Data / /

A comunidade testemunha o ressuscitado

Os discípulos, tristes e decepcionados, permaneceram reunidos. Esse gesto os manteve ligados a Jesus, mesmo morto na cruz. Dois deles, porém, voltaram para casa, desacreditando de tudo o que Jesus ensinara e prometera. Mas Jesus foi atrás deles e os fez retornar ao convívio dos outros. Jesus ressuscitado se manifesta, vivo e verdadeiro em nossas comunidades.

1 Momento de acolhida e oração

- Sob a orientação do catequista, participar da atividade proposta.

2 Jesus Verdade! Ajuda-me a conhecer a Tua Palavra

- Leitura do texto bíblico: Lc 24,13-35.
- Reler individualmente o texto.
- Para refletir e partilhar:
  - Como é chamado o povoado a que os dois discípulos estavam indo?
  - Qual era o assunto da conversa dos dois?
  - Quem se aproximou deles para saber sobre sua preocupação?

- O que o discípulo Cléofas respondeu àquele que se aproximou deles?
- Há quantos dias havia acontecido a crucificação do amigo?
- Qual foi o susto que as mulheres deram, e o que foi que elas disseram?
- Depois que ouviram o relato das mulheres, o que os discípulos decidiram?
- Em que momento se abriram os olhos dos discípulos? E o que disseram recordando o caminho feito?

3 Jesus Caminho! Abre meu coração para acolher a Tua vontade

- Sob a orientação de seu catequista, organizar a encenação do texto dos discípulos de Emaús. Após a encenação, conversar em pequenos grupos orientados pelo catequista sobre:
    - Os amigos que cada um tem.
    - Gostaria que Jesus participasse, pessoalmente, dos assuntos que conversa com seus amigos?
    - Como Jesus atuou com os dois discípulos que estavam desorientados e tristes?
    - Qual foi a surpresa dos discípulos quando seus olhos se abriram?

4 Jesus Vida! Fortalece a minha vontade para viver a Tua Palavra

- Cada um reze em silêncio.

> Oração:
> *Jesus vida, que o alimento da Eucaristia que Tu nos ofereces, nos ajude a reconhecer-te nos pequenos e grandes gestos de solidariedade.*

- Agora escreva sua oração.

5 Compromisso

- Contar para um colega e para os pais a encenação feita no encontro de catequese.

- Os discípulos de Emaús saíram a anunciar a boa notícia aos outros discípulos. Que boa notícia vamos anunciar nesta semana? Para quem?

Anotações Pessoais

18º Encontro

Data   /   /

Os Sacramentos: sinais da vida de Deus em nós

Um caminho certo que leva para a verdadeira felicidade é a participação nos Sacramentos. Por meio deles, entramos na intimidade de Deus e encontramos sentido para a nossa vida diária. Os Sacramentos, realizados na comunidade, são sinais da presença de Deus entre nós. A palavra Sacramento significa sinal. Sinal do amor que Deus tem por todos nós. Ele nos criou à sua imagem e semelhança. O grande sinal do Pai realizou-se em Jesus Cristo. Por sua vez, Jesus Cristo revela o amor do Pai e nos ensina a amar como Ele amou. A unidade, diversidade e solidariedade caracterizam a comunidade cristã. Pelos Sacramentos formamos o corpo de Cristo. Os Sacramentos são a presença de Deus na vida do Povo de Deus. São os Sacramentos em nossa vida e nossa vida nos sacramentos.

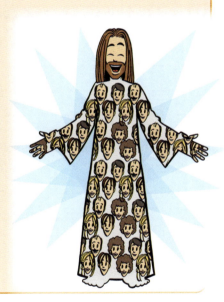

1 Momento de acolhida e oração

- Iniciar com o sinal da cruz e rezar juntos:

> Jesus, nós Vos agradecemos porque sois o Sacramento do amor de Deus Pai para nós. Ajudai-nos a sermos fiéis e perseverantes. Ensinai-nos a amar do jeito que amastes, sem fazer distinção entre as pessoas. Jesus, queremos sentir, em nossa vida, a Vossa presença que nos acolhe e nos ama.

2 Jesus Verdade! Ajuda-me a conhecer a Tua Palavra

- Leitura do texto bíblico: 1Cor 12, 12-31.
- Reler o texto destacando as expressões fortes.
- Para refletir e partilhar:
  - Identificar a relação do corpo de Cristo com os membros que o texto expressa.
  - Como Paulo descreve a necessidade da unidade na diversidade?
  - Como se trata dos membros mais frágeis segundo São Paulo?
  - As pessoas são diferentes entre si, no entanto, cada uma contribui para o crescimento de todos. Como o texto explica essa afirmação?

3 Jesus Caminho! Abre meu coração para acolher a Tua vontade

- Já descobriu os dons que você recebeu de Deus?

- O que diz para você esse texto bíblico e toda a realidade dos Sacramentos?

- Como você pode servir na comunidade?

- Quais os sacramentos que você já recebeu?

◉ Diante de todos esses chamados que Deus faz para as pessoas, você já pensou em seguir algum? Qual?

---

4 Jesus Vida! Fortalece a minha vontade para viver a Tua Palavra

◉ Observe os símbolos que o seu catequista trouxe para o encontro. Em silêncio, cada um reze e escolha um dos símbolos que mais o inspira e faça sua oração pessoal. Depois, sucessivamente, cada um diz o que rezou a partir do símbolo que escolheu.

◉ Rezar uma Ave-Maria para que cada pessoa seja fiel aos dons que receber, à vocação e ao convite de Deus para segui-Lo.

5 Compromisso

◉ Nós fomos chamados à vida e ao batismo. Que compromisso vamos assumir nesta semana?

◉ Procure fazer uma pesquisa entre as pessoas. Que Sacramentos já receberam? Quais ainda não receberam? O que cada um significa para a pessoa?

Anotações Pessoais

19º Encontro

Data: / /

Sacramento da Reconciliação com o amor de Deus e dos irmãos

Deus sempre se aproxima e nos abraça com o seu amor. Essa certeza da presença de Deus em nossa vida nos faz sentir alegria e felicidade em estar junto com nossos irmãos e irmãs. Pedir perdão é acreditar no perdão. Quem acredita no perdão sente a bondade infinita de Deus. Quem ama perdoa e sente a alegria da reconciliação.

1 Momento de acolhida e oração

- Acender a vela que está ambientando o encontro e cantar juntos várias vezes o refrão de um canto que expresse a confiança no Senhor.
- Colocar a mão na água que o catequista preparou e traçar sobre si o sinal da cruz.
- Rezar juntos:

Ó, Deus de misericórdia, nós Vos louvamos e agradecemos porque sois nosso Pai e nosso amigo. Lembramos a ternura do vosso amor. Com vossa graça, de vós tudo recebemos. Queremos viver no vosso amor e em comunhão entre nós. Confiamos no vosso amor e no vosso perdão. Ajudai-nos, Senhor. Amém.

2 Jesus Verdade! Ajuda-me a conhecer a Tua Palavra

- Leitura do texto bíblico: Lc 7,36-50.
- Ler mais uma vez, de maneira dialogada, conforme orientação do catequista.
- Para refletir e partilhar:
    - Onde acontece o fato?
    - Quais são os personagens que estão em ação no texto? Qual a ação que cada um realiza?
    - Qual foi a frase que mais chamou a sua atenção?

3 Jesus Caminho! Abre meu coração para acolher a Tua vontade

- O que essa Palavra nos diz? Que atitudes nos convida a ter?

- Quem nós excluímos? Quem são os julgados pela sociedade, ou pela Igreja? Qual é a conversão que Jesus nos pede, agora que estamos próximos à Comunhão Eucarística?

Para receber o Sacramento da Penitência são exigidos alguns passos:

1. Examinar a consciência: olhar sobre nós mesmos e sobre nossos atos. O que fizemos que não está de acordo com o desejo de Deus? Quem ofendemos? O que deixamos de fazer?

2. Arrepender-se: ter vontade e desejo de não voltar a fazer o mal.

3. Confissão dos pecados ao sacerdote. Ele, em nome de Deus, acolhe, ouve, orienta e perdoa.

4. Penitência: acolher e cumprir o que o sacerdote nos orienta. Realizar ações que ajudam a reparar o mal.

É sempre bom lembrar que confessar é muito mais do que contar pecados: confessar é querer mudar de vida, viver na comunidade cristã, é ser "luz" que supera as trevas.

4 Jesus Vida! Fortalece a minha vontade para viver a Tua Palavra

❂ Olhemos para nossa vida. Confiantes na misericórdia de Deus, façamos nossa oração pessoal. Escreva-a e partilhe com os colegas. Após partilhar a oração, rezar juntos seguindo as orientações do catequista:

Ato de Contrição: Senhor, eu me arrependo sinceramente de todo o mal que eu pratiquei e do bem que deixei de fazer. Pecando, eu Vos ofendi, meu Deus e sumo bem, digno de ser amado sobre todas as coisas. Prometo firmemente, ajudado com a vossa graça, fazer penitência e fugir às ocasiões de pecar. Amém.

❂ Rezar o Salmo 111 da Bíblia – em dois grupos.

Ó Deus, Pai cheio de carinho e de bondade, que nos revelastes vosso amor, em Jesus, o Filho amado. Vós que amais e perdoais a mulher pecadora, ajudai-nos a amar, perdoar e acolher as pessoas com o mesmo carinho e ternura. Nossa caridade fraterna seja para eles o perfume da alegria. Nós Vos pedimos em nome de Jesus, nosso Senhor. Amém.

5 Compromisso

❂ Nesta semana, vamos procurar ter gestos de acolhida para com as pessoas e cuidar para não discriminar ninguém. Buscar nos reconciliarmos com as pessoas, com os pais e com os colegas.

Lembrete

Preparar-se para a celebração da reconciliação.
Trazer algo para ser partilhado como festa do reencontro.

Anotações Pessoais

20º Encontro — A Igreja se alimenta e vive da Eucaristia: Jesus é o "Pão da Vida"

O centro da vida da Igreja é a Eucaristia. Dois motivos principais nos fazem celebrar a Eucaristia. O primeiro é a força espiritual que a Igreja e todos os cristãos buscam na escuta da Palavra e na comunhão do Corpo e do Sangue do Senhor. O segundo motivo é a experiência da caridade que apreendemos a partir da partilha do Corpo e do Sangue do Senhor.

1 Momento de acolhida e oração

- Foi Deus que nos reuniu e é em nome Dele que iniciamos este nosso encontro dizendo: em nome do Pai, do Filho e do Espírito Santo. Amém!
- Iniciando a conversa:
  - Nosso tema de hoje é a Eucaristia que alimenta a Igreja. O que entendemos por Eucaristia?
  - Estamos nos preparando para receber pela primeira vez a comunhão eucarística. O que significa isso?

2 Jesus Verdade! Ajuda-me a conhecer a Tua Palavra

- Aclamar a Palavra cantando.
- Leitura do texto bíblico: João 6,51-58.

- Ler novamente, individualmente, o texto.
- Para refletir e partilhar:
  - Destacar as expressões que mais chamaram a atenção.
  - Com quem Jesus estava falando?

3 Jesus Caminho! Abre meu coração para acolher a Tua vontade

- O que essa Palavra de Deus diz para cada um de nós, que estamos nos preparando para receber a comunhão eucarística pela primeira vez?

- Ler o texto e conversar sobre o que acontece na missa.

O Sacramento da Eucaristia acontece durante a Missa. Seguimos vários momentos: nos reunimos e nos acolhemos na fraternidade. Pedimos perdão. Conversamos com Deus. Ouvimos a Palavra de Deus. Oferecemos e oramos ao Pai, junto com Jesus, presente na Eucaristia. Entramos em comunhão, recebendo Jesus no pão e no vinho. Agradecemos e recebemos a bênção do envio para levar Jesus e sua mensagem aos outros. Aprendemos, com isto, que comungar não é apenas receber Jesus na Hóstia consagrada, mas é entrar em comunhão de vida e amor com Ele e com todas as pessoas.

4 Jesus Vida! Fortalece a minha vontade para viver a Tua Palavra

Estamos nos preparando não para fazer a "Primeira Comunhão", mas para entrar juntos em uma vida nova de comunhão, com responsabilidade, união e partilha fraterna. Jesus disse:"Quem come o meu corpo e bebe o meu sangue tem a vida eterna".

- Fazer memória das palavras de Jesus e depois rezar agradecendo a ele, dizendo:

> *Obrigado Jesus pela Ceia da Eucaristia. Quero me preparar bem para participar desta mesa sagrada e receber-Vos na Sagrada Comunhão. Agradeço-Vos pela vossa presença na Eucaristia, por nos alimentar com o vosso próprio Corpo e Sangue. Ajudai a todos os que participam da Missa a entenderem bem o significado da Eucaristia e as consequências da comunhão para a vida deles na família, na comunidade e na sociedade. Amém.*

5 Compromisso

- Durante a semana, refletir sobre o que mais achou importante sobre o tema da Eucaristia.
- Convidar os pais a participarem da Eucaristia na comunidade. A tarefa com os pais é prestar atenção às orações, aos cantos, aos gestos e símbolos usados.

Anotações Pessoais

Data / /

Celebração eucarística: a Ceia do Senhor

Em memória à Ceia do Senhor, celebramos aspectos fundamentais da fé. Na Eucaristia, Jesus ensina que nada se faz sem amor e sem partilhar a vida com os outros. Intimamente ligada a esta realidade está a atitude de serviço fraterno. "Dei-vos o exemplo para que o façais também" (Jo 13,15). Para Jesus, servir aos outros é um dos gestos mais nobres do coração humano.

1 Momento de acolhida e oração

- Como Jesus preparou a sua ceia, nós também nos preparamos para a grande ceia em nossa vida. Em atitude de silêncio, olhar para os símbolos e partilhar com o catequista e os colegas como foi a semana desde o último encontro.
- Iniciar com sinal da cruz e rezar a oração do Pai-Nosso.
- Cantar o mantra proposto pelo catequista.
- Iniciando a conversa:
  - Como estamos nos sentindo?
  - Como estamos nos preparando para esse momento importante no Caminho da Iniciação Cristã?
  - Estamos entendendo o sentido e a importância que a Eucaristia tem em nossa vida?

2 Jesus Verdade! Ajuda-me a conhecer a Tua Palavra

- Leitura do texto bíblico: Mc 14,12-31.
- Para refletir e partilhar:
  - No 13º encontro você leu e refletiu com seus colegas o Evangelho de Lc 22, 7-30.
  - Identifique quais são as semelhanças com o texto do Evangelho de Marcos que leu hoje.

3 Jesus Caminho! Abre meu coração para acolher a Tua vontade

- O que essa Palavra de Deus diz para você? Que ensinamento nos dá?

- Qual é o convite que essa Palavra faz para cada um de nós e para o mundo de hoje?

- Quais atitudes e ações concretas ele nos convida a viver e a assumir?

- O que vamos fazer para viver melhor a Eucaristia em nossa vida?

➤ Vamos analisar o quadro abaixo:

O que Jesus fez na Última Ceia	O que nós fazemos na Missa
Jesus mandou preparar a sala para celebrar a Páscoa.	Nós preparamos a Igreja, o espaço litúrgico para o povo se reunir.
Os discípulos chegaram e encontraram uma grande sala arrumada.	O povo chega à Igreja e encontra cadeiras ou bancos, mesa da Palavra e mesa do altar, arrumadas para a oração.
Jesus disse: "Desejei ardentemente comer com vocês esta refeição, esta Páscoa".	Somos acolhidos com alegria pelos comentaristas, cantamos, fazemos o sinal da cruz, o padre ou os ministros nos saúdam.
Jesus fala e explica que aquela seria a Última Ceia que faria com eles antes de morrer.	São proclamadas as leituras, ouvimos e acolhemos a Palavra de Deus. Deus fala ao seu povo. Depois, o padre ou um ministro explica a Palavra. Nós rezamos o Credo professando a nossa fé. Fazemos os pedidos, as preces da comunidade.
Jesus toma o pão e o vinho em suas mãos.	Preparamos o altar, colocamos o pão, o vinho e as nossas ofertas.
Jesus ergue os olhos e dá graças ao Pai.	O padre faz a oração do "Prefácio", que é o grande louvor a Deus, e nós cantamos o santo.
Jesus diz: "Isto é meu corpo. Este é o Cálice do meu sangue...".	O padre repete as palavras de Jesus e consagra o Pão e o Vinho que se tornam Corpo e Sangue de Jesus.
Jesus parte o pão.	O padre parte o Pão quando nós rezamos: "Cordeiro de Deus". Chamamos este momento de "fração do Pão".
Jesus distribui o pão e o vinho aos seus discípulos.	O padre e os ministros distribuem o Pão consagrado. É o momento da ceia, da Comunhão Eucarística.

4 Jesus Vida! Fortalece a minha vontade para viver a Tua Palavra

- Todos de pé, ao redor da mesa e dos símbolos preparados pelo catequista, cantar: *A mesa tão grande e vazia.*

- Depois, enquanto o catequista ergue o pão e o suco, todos estendem a mão e cantam: *Deus seja louvado pelo pão partilhado.*

- Após cada oração, todos respondem: *Obrigado, Senhor...*

Porque quisestes permanecer no meio de nós.
Porque nos alimentais com a Eucaristia.
Porque Jesus quis comer e beber com seus amigos.
Porque a Eucaristia nos ensina as lições do amor.
Porque a Eucaristia nos fortalece.
Porque a Eucaristia é alegria, é festa.
Porque a Eucaristia é compromisso com a vida, a igualdade e a fraternidade.
Glória ao Pai, ao Filho e ao Espírito Santo, como era no princípio, agora e sempre. Amém.

5 Compromisso

- Lembrando as lições que a Eucaristia nos dá, escreva um compromisso para fazer nesta semana, para viver o que ela nos ensinou.

- Partilhar com os pais, em casa, o que você aprendeu no encontro.

Anotações Pessoais

Eucaristia: memória da morte e ressurreição de Jesus

A memória da Páscoa, paixão, morte e ressurreição do Senhor é o centro da celebração eucarística. Sempre que celebramos a Missa, fazemos essa memória. Toda nossa fé, todas as nossas devoções e toda nossa caridade só tomam sentido se nos deixarmos penetrar por esse mistério.

1 Momento de acolhida e oração

- Iniciar o encontro fazendo o sinal da cruz.
- Partilhar com o catequista e colegas um fato importante que aconteceu na família ou na escola e como viveu o seu compromisso.
- Iniciando a conversa:

No encontro passado vimos que a Eucaristia é ceia, refeição, comer e beber juntos com o Senhor Jesus. A Eucaristia é, em primeiro lugar, memorial da morte e ressurreição do Senhor, sob o sinal do pão e do vinho, dados em refeição, em ação de graças e súplica. Jesus continua presente no Corpo e Sangue que se renova em cada celebração. Ele cotinua vivo no meio de nós.

2 Jesus Verdade! Ajuda-me a conhecer a Tua Palavra

- Leitura do texto bíblico: 1Cor 11, 23-34.
- Cada um lê, em silêncio, mais uma vez o texto.
- Para refletir e partilhar:
  - O apóstolo Paulo lembra à comunidade de Corínto a impotância da instituição da Eucaristia. Quais são as recomendações que ele faz?

3 Jesus Caminho! Abre meu coração para acolher a Tua vontade

- O que a Palavra de Deus diz para você? Cite algumas palavras para expressar o que sentiu ao ouvi-la.

- Vejamos como está organizada a Missa, a celebração eucarística:

1. ACOLHIDA – Ritos iniciais Desde a chegada, acolhida até a oração da coleta.	2. DIÁLOGO DA ALIANÇA – Liturgia da Palavra Desde a primeira leitura até as preces da comunidade.
3. LITURGIA EUCARÍSTICA Da preparação da mesa do altar (ofertório) até a doxologia final (por Cristo, com Cristo e em Cristo...).	4. RITO DA COMUNHÃO Do Pai-Nosso à oração pós-comunhão. 5. ENVIO Avisos e bênção final.

I) RITOS INICIAIS: Deus nos reúne. É formada a assembleia celebrante.
II) LITURGIA DA PALAVRA: Deus nos fala (pão da Palavra).
III) LITURGIA EUCARÍSTICA: Deus nos alimenta (pão da Eucaristia).
IV) RITOS FINAIS: Deus nos envia. Compromisso na vida com o que foi celebrado.

- Converse com o seu catequista e colega:
  - O que isso signifca para quem está se preparando para a Primeira Comunhão eucarística?

4 Jesus Vida! Fortalece a minha vontade para viver a Tua Palavra

- O que essa Palavra me faz dizer a Deus?
- Escreva sua oração, que pode ser de súplica, perdão ou louvor. Depois reze-a, partilhando com seus colegas.

5 Compromisso

- A partir da mensagem do Evangelho, o que Jesus nos pede para que vivamos esta semana?
- Escrever ou desenhar, no caderno, o que julga ser importante para memorizar e guardar.

- Convidar os pais e padrinhos do batismo para participarem juntos na celebração da Eucaristia, festa da comunidade.
- Na próxima semana, cada um partilhará como viveu esta experiência.

Anotações Pessoais

Data / /

Quem vive unido a Jesus produz frutos

Toda nossa vida, nosso modo de pensar e agir, devem ser um reflexo de nossa união e nossa comunhão com Jesus. Ele é quem nos dá a graça de produzirmos "bons frutos" através das atitudes do dia a dia.

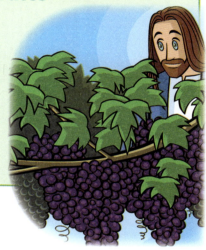

1 Momento de acolhida e oração

- Sob a orientação de seu catequista, partilhar a experiência vivida na celebração da Primeira Comunhão eucarística.
- Iniciar com o sinal da cruz e canto proposto pelo catequista.

2 Jesus Verdade! Ajuda-me a conhecer a Tua Palavra

- Leitura do texto bíblico: Jo 15,1-6.
- Para refletir e partilhar:
  - Destacar as imagens. Identificar as comparações.
  - O que chamou sua atenção?

3 Jesus Caminho! Abre meu coração para acolher a Tua vontade

- Que lição Jesus nos dá com essa Palavra? O que aprendemos?

- Formar dois grupos. Um grupo pensa uma breve encenação que revele frutos e atitudes de quem não está unido ao tronco, que é Jesus. Outro grupo prepara uma breve encenação, expressando atitudes e ações que produzem frutos bons, adotadas por quem está unido ao tronco, que é Jesus.

- Após um tempo, os dois grupos apresentam o que preparam.

- Conversar sobre o que cada grupo apresentou. Depois, seguindo a orientação do catequista, escrever nas folhas que receber quais são os frutos bons e colocá-las próximas ao tronco de árvore que está na sala de encontro.

4 Jesus Vida! Fortalece a minha vontade para viver a Tua Palavra

- Espontaneamente, dizer um motivo pelo qual gostaria de estar unido ao tronco (Jesus) e todos repetem o refrão:

  "Eu sou a videira, meu Pai é o agricultor,
  Vós sois os ramos, permanecei no meu amor".

- Rezar o Pai-Nosso.

5 Compromisso

- Ler em casa, com os pais, esse texto do Evangelho. Conversar sobre os frutos que a família produz.

- O que podemos fazer, nesta semana, para ficarmos unidos a Jesus e mantermos viva em nós a Eucaristia que comungamos?

Lembrete

Trazer para o próximo encontro: terra, areia ou serragem para construir um caminho.

Anotações Pessoais

24º Encontro

Data / /

O Espírito Santo, protagonista da missão, manifesta a Igreja e nos faz missionários

O Espírito Santo, protagonista da missão, manifesta a Igreja e nos faz missionários. Nós somos cristãos e pertencemos à Igreja, fundamentada em Jesus Cristo, nosso Salvador. Ele nos confiou a missão de organizar a Igreja em todo o mundo. Para podermos responder a esse compromisso, enviou-nos o Espírito Santo. Ele dá a força do alto para prosseguir nessa missão. Sempre que procuramos criar fraternidade nos ambientes onde vivemos, estamos colocando Jesus no meio das pessoas. Em nossos gestos de fraternidade, encontramos Jesus, que nos ilumina e nos dá forças. Nunca ficarão perdidas as atitudes que geram fraternidade.

1 Momento de acolhida e oração

- Partilhar com o catequista e os seus colegas como você viveu o compromisso assumido no encontro anterior, destacando:
  - Quais são os frutos, as coisas boas que sua família realiza?
  - O que conseguiu fazer concretamente para ficar unido a Jesus, mantendo viva a Eucaristia que comungou?
- Sob a orientação do catequista, participar da preparação do caminho e sobre ele dispor os símbolos que envolvem o tema do encontro.
- Fazer o sinal da cruz e invocar o Espírito Santo, cantando.

2 Jesus Verdade! Ajuda-me a conhecer a Tua Palavra

- Leitura do texto bíblico: At 2,1-13.
- Para refletir e partilhar:
  - Contar com as próprias palavras o texto lido.
  - Destacar os personagens do texto e os verbos repetidos.
  - Ler novamente o texto, individualmente.
  - Ler o texto:

O Espírito Santo é livre. Ele age quando e como quer e sem mesmo alguém esperar. É como o vento, Tu ouves, mas não sabes de onde vem, nem para onde vai. Ele sopra na Igreja e sopra no coração de cada um que é capaz de silenciar para ouvir. Ele é criativo e estimula a criatividade de quem está aberto para acolher sua ação. O Espírito de Jesus nos anima na vida e na missão. Oferece oportunidades e caminhos para viver conforme o ensinamento de Jesus.

3 Jesus Caminho! Abre meu coração para acolher a Tua vontade

- O que essa palavra nos fez entender? O que ela diz para nós?

- Como podemos sentir em nós o Espírito de Deus?

- O que o Espírito Santo realizou nos apóstolos? Como entender isso?

❯ Recebemos o Espírito Santo no Batismo, é ele quem nos anima a vivermos e testemunharmos Jesus. Como vivemos nosso Batismo?

✽ _____

_____

_____

4 Jesus Vida! Fortalece a minha vontade para viver a Tua Palavra

❯ Sob a orientação de seu catequista, participe da dinâmica do momento de oração. Depois, para guardar na mente e no coração, proceda da seguinte forma:

- Em espírito de oração, cite, nos espaços propostos, o nome dos dons do Espírito Santo e escreva uma frase explicando o que aprendeu e quer colocar em prática sobre esse dom, em sua vida de cristão.

◉ Rezar juntos a oração:

Olha, Senhor, vossa família aqui reunida. Que o Espírito Santo nos ilumine e nos ensine a verdade completa das coisas de Deus. Dai-nos a unidade dos discípulos e discípulas de Jesus, como Ele desejou. Pedimos isso em nome de Jesus, nosso Senhor. Amém.

5 Compromisso

◉ Ler em casa o texto bíblico de Gl 5,22-23. Este aponta quais são os frutos do Espírito Santo. Fazer uma lista para o próximo encontro.

◉ Contar aos pais e amigos quais são os dons do Espírito Santo que conhecemos neste encontro.

◉ Escolher um dom do Espírito para viver durante a semana com mais intensidade.

Anotações Pessoais

25º Encontro

Jesus ressuscitado é o Bom Pastor

Uma das figuras mais bonitas de Jesus é a do Bom Pastor. Ele, ressuscitado, continua sendo o único Pastor que nos conduz. Quem segue Jesus e seu Evangelho alcançará, certamente, a felicidade de uma vida cheia de paz. Ao contrário do ladrão e do lobo; estes são maus pastores, querem se apropriar dos mesmos títulos que Jesus atribui a si mesmo: bom, misericordioso.

Jesus os acusa de querer arrancar das suas mãos de legítimo proprietário todos os chamados à fé e de querer conduzi-los à perdição. Jesus se apresenta como a porta pela qual passa cada pessoa batizada, para encontrar o caminho que conduz a Deus Pai e que quer a vida em abundância para todos. É por isso que nós afirmamos que Jesus ressuscitado é o Bom Pastor.

1 Momento de acolhida e oração

- Partilhar com o catequista e seus colegas o compromisso do encontro anterior.

- Apresentar os frutos do Espírito que você descobriu na leitura do texto bíblico de Gálatas Gl 5,22-23.

- Sob a orientação do catequista, traçar o sinal da cruz e aproximar-se do cenário do encontro, observar os símbolos e escolher uma palavra que expresse as qualidades do Bom Pastor.

- Rezar juntos a oração:

> *Jesus, Bom Pastor, vivei em mim, para que possa ser vossa testemunha, através das palavras, das atitudes, daquilo que faço. Confio na vossa presença, pois Vós dissestes: "Eis que estou com vocês todos os dias sempre". Amém.*

2 Jesus Verdade! Ajuda-me a conhecer a Tua Palavra

- Leitura do texto bíblico: João 10,7-16.
- Reler o texto individualmente e destacar os personagens.
- Destacar as palavras mais importantes.
- Para refletir e partilhar:
  - Que nomes Jesus dá a si mesmo?
  - O que Jesus veio fazer no mundo?
  - Que preocupação Jesus manifesta como Bom Pastor?

3 Jesus Caminho! Abre meu coração para acolher a Tua vontade

- Você conhece pessoas parecidas com Jesus? O que fizeram? O que ensinaram?

- Escreva: o que Jesus pede para você, hoje?

4 **Jesus Vida! Fortalece a minha vontade para viver a Tua Palavra**

- O que o encontro de hoje faz você dizer a Jesus, Bom Pastor, ressuscitado? Escreva sua oração.

- Rezar ou cantar juntos o Salmo 23 da Bíblia.

5 **Compromisso**

- Em casa, com os pais, ler Ez 34,11-21. Escrever como imagina Jesus, Bom Pastor ressuscitado e com algumas ovelhas.

- Com os pais, faça uma oração. Recordar as pessoas que moram perto e as que mais precisam: doentes, crianças abandonadas, idosos, desempregados e migrantes.

Anotações Pessoais

26º Encontro

Data / /

Deus conduz à verdadeira felicidade

Nosso caminho terreno deve nos conduzir à verdadeira liberdade, isto é, vivermos de tal forma que tudo o que fazemos e o modo como vivemos nos proporcione felicidade. Todo o grupo humano precisa de orientações e normas comuns para viver bem. Em nossa casa, para que exista harmonia, existem algumas coisas que todos sabem como devem ser. Não dá para cada um fazer o que quer. Precisamos de algumas orientações para trilharmos o caminho da felicidade. Deus nos deu um caminho certo: os mandamentos e os preceitos do Evangelho. São orientações que se tornam a grande ferramenta para sermos felizes e andarmos no caminho da aliança com Deus. Seguir os mandamentos da Lei de Deus, é desejar viver com liberdade, fazer o bem e ser feliz.

1 Momento de acolhida e oração

- Partilhar com seu catequista, e colegas o compromisso do encontro anterior.
- Sob a orientação do catequista cantar a música proposta. Passar a Bíblia de mão em mão, dizendo: *"Eu (dizer o próprio nome) te acolho, (dizer o nome de quem recebeu a Bíblia) com a Palavra de Deus."*
- Cantar o sinal da cruz e rezar juntos o Pai-Nosso.

2 Jesus Verdade! Ajuda-me a conhecer a Tua Palavra

- Leitura do texto bíblico: Ex 20,1-17.
- Reler o texto bíblico, individualmente.
- Para refletir e partilhar:
  - O que o texto diz?
  - A partir do texto, destacar os dez mandamentos.
  - Ler juntos os dez mandamentos.

3 Jesus Caminho! Abre meu coração para acolher a Tua vontade

- Vamos descobrir a quem se referem os três primeiros mandamentos.

❀ _____

❀ _____

❀ _____

- Refletir sobre a quem se referem os mandamentos a partir do 4º até o 10º.
- Escreva na primeira coluna os mandamentos como estão na Bíblia e na segunda, os mandamentos na sua forma simplificada, conforme é tradição dos cristãos.

- Escreva o que você entendeu sobre os mandamentos.

4 Jesus Vida! Fortalece a minha vontade para viver a Tua Palavra

- No silêncio do coração, olhando as tiras de papel com os dez mandamentos que seu catequista preparou, faça sua oração pessoal a Deus.

- Rezar juntos da Bíblia o Salmo 148.

5 Compromisso

- Escrever os dez mandamentos, conforme estão escritos na Bíblia, numa folha. Colocar no seu quarto ou no lugar de estudo, para que sejam lembrados a cada dia.

- Escolher um dos mandamentos que julga necessário viver mais intensamente esta semana. Escreva-o.

Lembrete

Para o próximo encontro, trazer recortes de revistas ou jornais, figuras ou fotos que mostrem pessoas ajudando outras.

Anotações Pessoais

Data / /

27º Encontro

Jesus anuncia o seu Reino

Por meio de comparações, Jesus ensina aos discípulos e ao povo que o segue os "mistérios" do Reino de Deus. Por meio de parábolas, Jesus mostra que Deus tem um projeto de salvação e de felicidade que vai além das propostas humanas. Seguir os ensinamentos de Jesus é realizar e testemunhar o Reino de Deus.

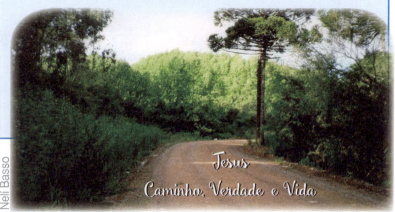

Jesus Caminho, Verdade e Vida

Nelí Basso

1 Momento de acolhida e oração

- Sob a orientação de seu catequista, partilhar o compromisso do encontro anterior e destacar o mandamento que viveu com maior sinceridade.
- Colocar as figuras e recortes que trouxe junto com os símbolos já preparados pelo catequista.
- Observar as sementes e o fermento que fazem parte do cenário do encontro e partilhar o que isso significa para nós.

Nelí Basso

- Iniciando a conversa:
  - Hoje vamos entender, em nosso encontro, que o Reino de Deus é feito de pequenas coisas, de pequenos gestos. Isso revela o amor de Deus. O amor de Deus move montanhas, transforma corações.

2 Jesus Verdade! Ajuda-me a conhecer a Tua Palavra

- Leitura do o texto bíblico: Mt 13, 31-35.
  - Cada um relê na sua Bíblia o texto.
  - Vamos recontar com nossas palavras o texto lido.
- Para refletir e partilhar:
  - Quais são as imagens e os símbolos presentes nessa parábola que Jesus contou?

3 Jesus Caminho! Abre meu coração para acolher a Tua vontade

- Escrever:
  - O que essa Palavra de Deus nos diz? Que lição nos oferece? Que convite nos faz?

  _____
  _____
  _____

  - Que atitudes ou gestos, hoje, podem ser comparados com a semente de mostarda ou o fermento?

  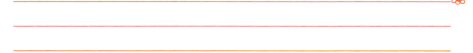

  _____
  _____

  - Como a Palavra de Deus ajuda a transformar a sociedade?

  _____
  _____
  _____

4 Jesus Vida! Fortalece a minha vontade para viver a Tua Palavra

- Falar o que de bom gostaria que acontecesse no mundo ou em sua vida.

- Rezar juntos o Salmo 49 da Bíblia.

5 Compromisso

- Que tal cada um assumir o compromisso de fazer alguma coisa pequena, mas de grande valor? Escreva-a.

Lembrete

Para o próximo encontro, trazer alguma coisa que é muito significativa para você, isto é, que lembra alguém ou um fato muito importante.

Anotações Pessoais

Data / /

28º Encontro

Jesus: caminho que leva ao Pai

Nossa vocação é a santidade de vida, unida a Deus e aos irmãos. Para alcançar a santidade em nível pessoal, é preciso seguir os ensinamentos de Jesus. Ninguém vai ao Pai senão seguindo os passos de Jesus, anunciados e testemunhados na Boa Nova do Evangelho.

1 Momento de acolhida e oração

- Iniciar com o sinal da cruz.
- Iniciando a conversa:

Nosso encontro de hoje vai mostrar que Jesus prepara seus discípulos para assumirem a missão que Ele lhes havia indicado. Jesus os consola, dizendo: "Não se perturbe o vosso coração, acreditem em Deus e acreditem também em mim" (Jo 14,1).

- Como nós ficamos quando alguém muito próximo de nós, amigo, familiar, colega se afasta do grupo por motivos diversos?

- Partilhar com o catequista e os colegas aquilo que você trouxe de importante para o encontro e o motivo.

2 Jesus Verdade! Ajuda-me a conhecer a Tua Palavra

- Leitura do texto bíblico: Jo 14,1-14.
- Ler individualmente o mesmo texto.
- Para refletir e partilhar:
  - Recontar o texto.
  - Destacar os personagens e os verbos presentes no texto.
  - Comentar o que mais chamou a sua atenção.

3 Jesus Caminho! Abre meu coração para acolher a Tua vontade

- Como podemos conhecer o caminho que Jesus nos ensina?
- O que nos desvia do caminho, da verdade e da vida que é Jesus?

- Na pétala de flor de papel que seu catequista entregou no início do encontro, escrever um propósito sobre o que vai fazer de hoje em diante para entrar no caminho de Jesus, viver sua verdade e sua vida.

4 Jesus Vida! Fortalece a minha vontade para viver a Tua Palavra

- Seguindo a orientação do catequista, olhar a imagem de Jesus e juntos rezar:

Senhor Jesus, Vós sois o verdadeiro caminho para a vida. Ajudai-nos a caminhar convosco, para vivermos a vida verdadeira. Seguindo-vos como caminho, seremos mais fortes, sinais de esperança e de vida fraterna. Amém.

5 Compromisso

- Nesta semana, vamos procurar pessoas, colegas e amigos que estejam desanimados e que perderam a esperança de viver. Vamos falar para eles que Jesus é o Caminho, a Verdade e a Vida. Quem segue Jesus, busca a VIDA NOVA.

Lembrete

Trazer para o próximo encontro algum alimento para ser partilhado com pessoas ou famílias pobres e necessitadas.

Anotações Pessoais

29º Encontro

Data ___/___/___

A experiência das primeiras comunidades cristãs

Para se organizar e viver como verdadeira comunidade de Igreja, os cristãos devem se espelhar em Jesus Cristo. A experiência concreta do início da Igreja nos faz sentir como os primeiros cristãos estavam unidos a Jesus Cristo. O testemunho dos cristãos da "primeira hora" é o sonho de Deus para toda a humanidade.

Nelí Basso

1 Momento de acolhida e oração

- Iniciar cantando o sinal da cruz.
- Iniciando a conversa:
  - Como vivem as pessoas hoje? São fraternas?
  - Gostam de repartir o que têm com os outros ou querem somente acumular para si?
  - Sentimos maior alegria em dar ou em receber?

2 Jesus Verdade! Ajuda-me a conhecer a Tua Palavra

- Cada um deve erguer bem alto a sua Bíblia e, junto com os colegas, cantar, segundo a orientação do catequista.
- Leitura do texto bíblico: At 2,42-47.
- Reler o texto em silêncio.

- Para refletir e partilhar:
  - Destacar as características dos primeiros cristãos.
  - O que faziam e como viviam?

3 Jesus Caminho! Abre meu coração para acolher a Tua vontade

- Ao ler a Palavra, descobrimos que os apóstolos eram perseverantes, partilhavam, rezavam e tinham tudo em comum.
- Quais as qualidades das primeiras comunidades cristãs?

_____
_____
_____

- O nosso grupo de catequese é uma pequena comunidade: quais as qualidades do nosso grupo de catequese?

- Quais são as qualidades que encontramos na comunidade cristã a qual pertencemos?

_____
_____
_____

4 Jesus Vida! Fortalece a minha vontade para viver a Tua Palavra

- Os apóstolos eram perseverantes em escutar a Palavra do Senhor, nas orações e na partilha do pão.
  - O que vamos dizer a Deus, depois de termos ouvido sua Palavra? Cada um elabore sua oração.

- Rezar juntos o Salmo 133 da Bíblia – "Como é bom, como é agradável os irmãos viverem juntos".

> *Obrigado, Jesus, porque sou membro do vosso Povo e da vossa Igreja. Agradeço, porque na catequese estou conhecendo este povo do qual faço parte. Peço-Vos a graça de viver as qualidades que marcam a vossa comunidade. Abençoai, Jesus, os que aceitam o chamado de servir ao povo, na vocação de padre, na vida religiosa, como catequista, servindo aos mais pobres. Obrigado pelas pessoas que se dedicam com alegria à vossa comunidade. Estas pessoas e muitas outras que, por amor, dedicam-se ao bem da vossa comunidade. Despertai em meu coração e no coração de todos o desafio e a generosidade. Ajudai-nos a servir a todos os cristãos e seguir-vos; a reforçar a comunidade e atender aos mais pobres. Amém.*

- Rezar o Pai-Nosso de mãos dadas.

5 Compromisso

- Juntos, escolher uma família, pessoa necessitada ou alguma instituição beneficente, para doar os alimentos com o espírito de gratuidade e atenção às pessoas.

Anotações Pessoais

30º Encontro

Data   /   /

A beleza e o compromisso de ser cristão: os mártires

Os apóstolos, no início da Igreja, e muitos cristãos, ao longo de sua história, por sua fidelidade a Jesus Cristo sofreram o martírio. Os mártires são pessoas que deram sua vida para seguir Jesus. Assim, a Igreja foi sendo construída e fortificada pelo testemunho de fé de tantos irmãos e irmãs. Esse testemunho ajuda a compreender esse amor a Jesus e à Igreja, que levou muitos ao martírio e ajuda a assumir com alegria e disponibilidade nossa missão de cristãos no meio do mundo.

1 Momento de acolhida e oração

- Partilhar com o seu catequista e colegas como foi a experiência do gesto solidário.
- Conversar sobre as figuras e símbolos que estão colocados no local do encontro.

2 Jesus Verdade! Ajuda-me a conhecer a Tua Palavra

- Leitura do texto bíblico: Ap 7,1-17.
- Um catequizando lê o texto mais uma vez.

❂ Para refletir e partilhar:

- Juntos, vão contar com as próprias palavras o que o texto diz.

- Cada um apresenta a frase que mais chamou sua atenção.

3 Jesus Caminho! Abre meu coração para acolher a Tua vontade

❂ O que essa Palavra de Deus diz para nós?

❂ Converse e registre as ações e atitudes que você e seus colegas elegerem como aquelas que os ajudam a ser cristãos.

❂ Anote os fatos e ações que, para você e seus colegas, os impedem de viver conforme o desejo de Jesus.

❂ Você quer ser cristão de nome ou de fato? Escreva o que considera que precisa fazer.

4 Jesus Vida! Fortalece a minha vontade para viver a Tua Palavra

❂ Diante dos símbolos que o catequista preparou, cantar a música do *Pai-Nosso Dos Mártires* (Zé Vicente) e colocar a flor que recebeu junto aos símbolos.

❯ Rezar juntos a oração:

> *Senhor Jesus, seguindo o vosso exemplo, queremos ser cristãos de verdade. Aprendemos muitas coisas bonitas na catequese. Não podemos parar, desistir e nem nos deixar levar pelas pessoas despreparadas. Abençoai, Senhor, a nossa vida, para sermos fortes, corajosos e perseverantes na fé e no compromisso comunitário. Amém!*

5 Compromisso

❯ Ler em casa com os pais o texto bíblico e tentar responder às perguntas:

- Como ser cristão neste mundo em que vivemos?
- Os mártires realizaram ações boas em favor dos outros e defenderam a fé cristã. E eu, o que vou fazer?

Lembrete

Convidar os pais para a celebração da entrega da lembrança da Primeira Eucaristia, do terço e do escapulário.

Anotações Pessoais

Data / /

31º Encontro

Dízimo: louvor e gratidão a Deus

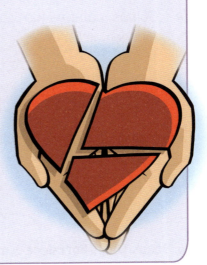

O dízimo é um ato de louvor e adoração a Deus. É um compromisso do cristão. É uma maneira de reconhecer que tudo o que somos e temos tem um único criador: Deus. Contribuir com o dízimo é abrir o coração e a vida, partilhando o que se tem, mesmo quando se tem pouco. Sempre que oferecido com fé, o dízimo se torna um ato de amor.

1 Momento de acolhida e oração

- Iniciar fazendo o sinal da cruz cantado e depois rezar juntos.

> Recebei, Senhor, o nosso dízimo. Não é esmola, porque não sois mendigo. Não é uma simples contribuição, porque não precisais dela. Esta importância representa, Senhor, nosso reconhecimento, amor, participação na vida da comunidade, pois o que temos, recebemos de vós. Amém!

2 Jesus Verdade! Ajuda-me a conhecer a Tua Palavra

- Leitura dos textos bíblicos : 2 Cor 9,6-8 ; 1 Tm 6,7-8.
- Para refletir e partilhar:
  - Destacar as palavras que mais chamaram atenção em cada texto.

125

3 Jesus Caminho! Abre meu coração para acolher a Tua vontade

- O que a Palavra de Deus nos ensina no encontro de hoje?

- Somos capazes de agradecer a Deus por tantas coisas que recebemos Dele?

- Como são nossos gestos de partilha com os mais necessitados?

4 Jesus Vida! Fortalece a minha vontade para viver a Tua Palavra

- Fazer oração de gratidão, de ação de graças pelos dons de Deus.

- Rezar o Salmo 145 da Bíblia: "Eu te exalto, meu Deus, meu Rei".

5 Compromisso

- Falar em casa aos pais alguma coisa importante que entendeu hoje sobre o sentido do dízimo.

- Buscar compreender como está organizado o dízimo na paróquia e como a família e você mesmo pode fazer parte disso.

Anotações Pessoais

Data / /

Celebrar a vida e a esperança com nossos irmãos falecidos

Vivemos um tempo nesta caminhada terrena, mas nos realizaremos plenamente ao nos encontrarmos no amor eterno de Deus. Pela morte e ressurreição de Cristo, não só temos a garantia da vida plena em Deus, como também somos chamados a, aqui, construirmos condições de vida que nos tornem felizes. A comemoração de finados é celebração da esperança da ressurreição, da vida nova, participando da vitória pela qual Cristo nos faz continuar a viver. Lembramos o testemunho de vida que estas pessoas queridas nos deixaram e nos convidam a vivermos conforme Deus quer. "Se o grão de trigo não morrer, não produzirá frutos" (Jo 12,24).

1 Momento de acolhida e oração

- Rezar o Pai-Nosso de mãos dadas.

2 Jesus Verdade! Ajuda-me a conhecer a Tua Palavra

- Leitura do texto bíblico: Jo 12,20-28.
- Para refletir e partilhar:
  - Que imagem Jesus usa nesse texto para falar da morte, da vida e da ressurreição?

- Que palavras do texto me chamam mais atenção?

3 Jesus Caminho! Abre meu coração para acolher a Tua vontade

- Para conversar:
  - Jesus garante para todos nós a ressurreição. Morrer é viver plenamente para a vida com Deus. Nós acreditamos nisso?
  - Como entender que, para viver, é preciso morrer?
  - De que forma valorizamos a nossa vida e a vida das pessoas?
- Depois de tudo o que ouviu, escreva:
  - O que esta Palavra de Deus diz para nós hoje?

_____
_____
_____

4 Jesus Vida! Fortalece a minha vontade para viver a Tua Palavra

- O que esta Palavra me faz dizer a Deus? Escreva aqui a oração.

- Encerrar este momento orante rezando juntos:

Senhor Jesus, Vós que vieste nos mostrar o caminho da vida e nos dissestes que era necessário amar Deus e o próximo, ajuda-nos a crer em Vós e a mudar de vida. Ajudai-nos a sermos solidários e misericordiosos com os que estão ao nosso lado. Por isso, Senhor, vos pedimos que nos ajudeis a entender a mensagem de vida e de ressurreição que hoje refletimos. Amém.

5 Compromisso

- Fazer uma visita ao cemitério, rezando pelas pessoas que já viveram conosco e que amamos.

- Perceber situações onde a vida das pessoas e do meio ambiente não é respeitada e nem valorizada. Trazer essas realidades para o próximo encontro.

Anotações Pessoais

ORAÇÕES DO CRISTÃO

Pelo sinal da santa cruz, livrai-nos Deus, Nosso Senhor, dos nossos inimigos. Em Nome do Pai e do Filho e do Espírito Santo. Amém!

Oferecimento do dia

Adoro-vos, meu Deus, amo-vos de todo o meu coração. Agradeço-vos porque me criastes, me fizestes cristão, me conservastes a vida e a saúde. Ofereço-vos o meu dia: que todas as minhas ações correspondam à vossa vontade, e que eu faça tudo para a vossa glória e a paz dos homens. Livrai-me do pecado, do perigo e de todo mal. Que a vossa graça, bênção, luz e presença permaneçam sempre comigo e com todos aqueles que eu amo. Amém!

Pai-Nosso

Pai nosso que estais nos céus, santificado seja o vosso nome; venha a nós o vosso reino, seja feita a vossa vontade, assim na terra como no céu.

O pão nosso de cada dia nos dai hoje; perdoai-nos as nossas ofensas, assim como nós perdoamos a quem nos tem ofendido; e não nos deixeis cair em tentação, mas livrai-nos do mal. Amém!

Ave-Maria

Ave Maria, cheia de graça, o Senhor é convosco; bendita sois vós entre as mulheres, e bendito é o fruto do vosso ventre, Jesus. Santa Maria, Mãe de Deus, rogai por nós, pecadores, agora e na hora de nossa morte. Amém!

Glória ao Pai e ao Filho e ao Espírito Santo. Como era no princípio, agora e sempre. Amém!

Salve Rainha

Salve, Rainha, Mãe de misericórdia, vida, doçura e esperança nossa, salve! A vós bradamos os degredados filhos de Eva. A vós suspiramos, gemendo e chorando neste vale de lágrimas. Eia, pois, advogada nossa, esses vossos olhos misericordiosos a nós volvei, e depois deste desterro, mostrai-nos Jesus, bendito fruto do vosso ventre, ó clemente, ó piedosa, ó doce e sempre Virgem Maria.

– Rogai por nós, Santa Mãe de Deus!

– Para que sejamos dignos das promessas de Cristo. Amém!

Saudação à Nossa Senhora (no tempo comum)

– O anjo do Senhor anunciou a Maria.

– E ela concebeu do Espírito Santo.

Ave Maria...

– Eis aqui a serva do Senhor.

– Faça-se em mim segundo a vossa Palavra.

Ave Maria...

– E o Verbo se fez carne.

– E habitou entre nós.

Ave, Maria...

– Rogai por nós, Santa Mãe de Deus.

– Para que sejamos dignos das promessas de Cristo.

Oremos: Infundi, Senhor, como vos pedimos, a vossa graça em nossas almas, para que nós, que pela anunciação do anjo viemos ao conhecimento da encarnação de Jesus Cristo, vosso Filho, por sua paixão e morte sejamos conduzidos à glória da ressurreição. Pelo mesmo Cristo, Senhor nosso. Amém!

Para o Tempo Pascal REGINA COELI (Rainha do Céu)

– Rainha do céu, alegrai-vos, aleluia.

– Porque quem merecestes trazer em vosso puríssimo seio, aleluia.

–Ressuscitou como disse, aleluia.

– Rogai por nós a Deus, aleluia.

– Exultai e alegrai-vos, ó Virgem Maria, aleluia.

– Porque o Senhor ressuscitou verdadeiramente, aleluia.

Oremos: Ó Deus, que vos dignastes alegrar o mundo com a ressurreição do vosso Filho Jesus Cristo, Senhor nosso, concedei- nos, vo-lo suplicamos, que por sua Mãe, a Virgem Maria, alcancemos os prazeres da vida eterna. Pelo mesmo Senhor Jesus Cristo. Amém!

ANJO DE DEUS, que sois a minha guarda, e a quem fui confiado por celestial piedade, iluminai-me, guardai-me, protegei-me, governai-me. Amém!

Anjo da Guarda

Santo Anjo do Senhor, meu zeloso guardador, se a ti me confiou a piedade divina, sempre me rege, guarda, governa e ilumina. Amém!

Credo

Creio em Deus Pai todo-poderoso, criador do céu e da terra; e em Jesus Cristo, seu único Filho, nosso Senhor; que foi concebido pelo poder do Espírito Santo; nasceu da Vigem Maria, padeceu sob Pôncio Pilatos, foi crucificado, morto e sepultado. Desceu à mansão dos mortos; ressuscitou ao terceiro dia; subiu aos céus, está sentado à direita de Deus Pai todo-poderoso, donde há de vir a julgar os vivos e os mortos. Creio no Espírito Santo, na Santa Igreja Católica, na comunhão do santos, na remissão dos pecados, na ressurreição da carne, na vida eterna. Amém!

Oração para viver bem o dia

Maria, minha querida e terna mãe, colocai vossa mão sobre a minha cabeça. Guardai a minha mente, meu coração e meus sentidos, para que eu possa agradar a vós e ao vosso Jesus e meu Deus e, assim, possa partilhar da vossa felicidade no céu. Jesus e Maria, dai-me a vossa bênção: Em nome do Pai e do Filho e do Espírito Santo. Amém!

Ato de contrição I

Meu Deus, eu me arrependo de todo o coração de vos ter ofendido, porque sois tão bom e amável. Prometo, com a vossa graça, nunca mais pecar. Meu Jesus, misericórdia!

Ato de contrição II

Senhor, eu me arrependo sinceramente de todo mal que pratiquei e do bem que deixei de fazer. Pecando, eu vos ofendi, meu Deus e Sumo Bem, digno de ser amado sobre todas as coisas. Prometo, firmemente, ajudado com a vossa graça, fazer penitência e fugir das ocasiões de pecar. Senhor, tende piedade de mim, pelos méritos da paixão, morte e ressurreição de Jesus Cristo, Nosso Salvador. Amém!

Oração pela família

Pai, que nos protegeis e que nos destes a vida para participarmos de vossa felicidade, agradecemos o amparo que os pais nos deram desde o nascimento. Hoje queremos vos pedir pelas famílias, para que vivam na união e na alegria cristãs. Protegei nossos lares do mal e dos perigos que ameaçam a sua unidade. Pedimos para que o amor não desapareça nunca, e que os princípios do Evangelho sejam a norma de vida. Pedimos pelos lares em dificuldades, em desunião e em perigo de sucumbir, para que, lembrados do compromisso assumido na fé, encontrem o caminho do perdão, da alegria e da doação. A exemplo de São José, Maria Santíssima e Jesus, sejam nossas famílias uma pequena Igreja, onde se viva o amor. Amém!

Invocação ao Espírito Santo

Vinde, Espírito Santo, enchei os corações dos vossos fiéis e acendei neles o fogo do vosso amor. Enviai o vosso Espírito e tudo será criado, e renovareis a face da Terra.

Oremos: Deus, que instruístes os corações dos vossos fiéis com a luz do Espírito Santo, fazei que apreciemos retamente todas as coisas segundo o mesmo Espírito, e gozemos sempre de sua consolação. Por Cristo, Senhor Nosso. Amém!

Consagração a Nossa Senhora

Ó Senhora minha, ó minha Mãe, eu me ofereço todo(a) a vós, e em prova da minha devoção para convosco vos consagro neste dia e para sempre, os meus olhos, os meus ouvidos, a minha boca, o meu coração e inteiramente todo o meu ser. E porque assim sou vosso(a), ó incomparável Mãe, guardai-me e defendei-me como coisa e propriedade vossa.

Oração pelas vocações

Jesus, Divino Mestre, que chamastes os apóstolos a vos seguirem, continuai a passar pelos nossos caminhos, pelas nossas famílias, pelas nossas escolas e continuai a repetir o convite a muitos dos nossos jovens. Dai coragem às pessoas convidadas. Dai força para que vos sejam fiéis como apóstolos leigos, como sacerdotes, como religiosos e religiosas, para o bem do povo de Deus e de toda a humanidade. Amém!

Mandamentos

Os dez mandamentos da lei de Deus são:

1. Amar a Deus sobre todas as coisas.

2. Não tomar seu santo Nome em vão.

3. Guardar domingos e festas.

4. Honrar pai e mãe.

5. Não matar.

6. Não pecar contra a castidade.

7. Não furtar.

8. Não levantar falso testemunho.

9. Não desejar a mulher do próximo.

10. Não cobiçar as coisas alheias.

Os mandamentos da Igreja são:

1. Participar da missa nos domingos e nas festas de guarda.

2. Confessar-se ao menos uma vez ao ano.

3. Comungar ao menos na Páscoa da ressurreição.

4. Jejuar e abster-se de carne conforme manda a Igreja.

5. Contribuir com o dízimo e ajudar a Igreja em suas necessidades.

Os mandamentos da caridade são:

1. Amarás ao Senhor teu Deus, de todo o teu coração, de toda a tua alma e de toda a tua mente.

2. Amarás o teu próximo como a ti mesmo.

Pecados Capitais

Os sete pecados capitais são:

1. Gula
2. Vaidade
3. Luxúria
4. Avareza
5. Preguiça
6. Cobiça
7. Ira

Sacramentos

Os sete Sacramentos são:

1. Batismo
2. Crisma ou Confirmação
3. Eucaristia
4. Penitência ou Reconciliação
5. Ordem ou Sacerdócio
6. Matrimônio
7. Unção dos Enfermos

Conecte-se conosco:

facebook.com/editoravozes

@editoravozes

@editora_vozes

youtube.com/editoravozes

+55 24 99267-9864

www.vozes.com.br

Conheça nossas lojas:

www.livrariavozes.com.br

Belo Horizonte – Brasília – Campinas – Cuiabá – Curitiba
Fortaleza – Juiz de Fora – Petrópolis – Recife – São Paulo

EDITORA VOZES LTDA.
Rua Frei Luís, 100 – Centro – Cep 25689-900 – Petrópolis, RJ
Tel.: (24) 2233-9000 – E-mail: vendas@vozes.com.br